美《び》術《じゆつ》館《かん》って、おもしろい!

展《てん》覧《らん》会《かい》のつくりかた、働《はたら》く人たち、美《び》術《じゆつ》館《かん》の歴《れき》史《し》、裏《うら》も表《おもて》もすべてわかる本《ほん》

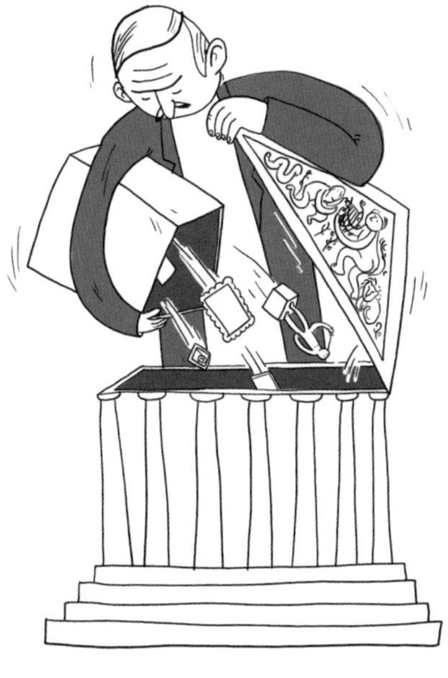

モラヴィア美術館

阿部賢一・須藤輝彦 訳

河出書房新社

世の中には、美術の本は

たくさんありますが……

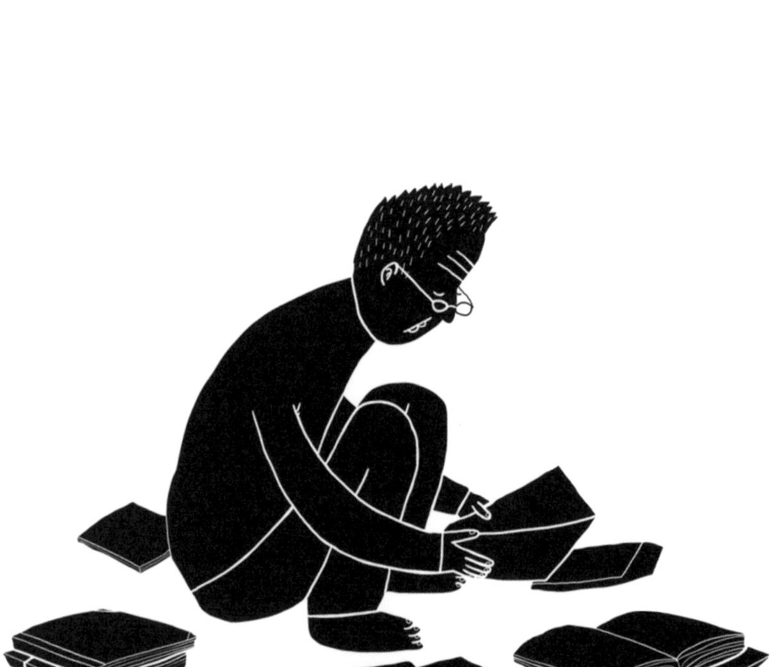

そういう本の多くは有名な画家や彫刻家《ちようこくか》を扱《あつか》っていて、ページをめくりながら、作品を知ることができます。また、数世紀におよび美術史の流《なが》れをたどる本もあれば、スケッチや絵、彫刻の技術やユニークな作品の作り方を教えてくれる本もあります。でも、この本は、そういった本とはすこし異《こと》なっています。この本では、絵画、彫刻、あるいはいろいろな美術オブジェを鑑賞《かんしよう》する場所に出かけます。そう、**美術館**という場所です。世界中の大都市でかならず目にする美術館の建物のことです。そこには、所蔵《しよぞう》している美術品の手入れをする人もいれば、みんなが鑑賞できるよう展示《てんじ》の裏側《うらがわ》で働いている人たちもいます。ふつうの来館者が入れないところにも、ご案内します。めったにお目にかかれない人たちにも会うことができますよ。

この本の目次

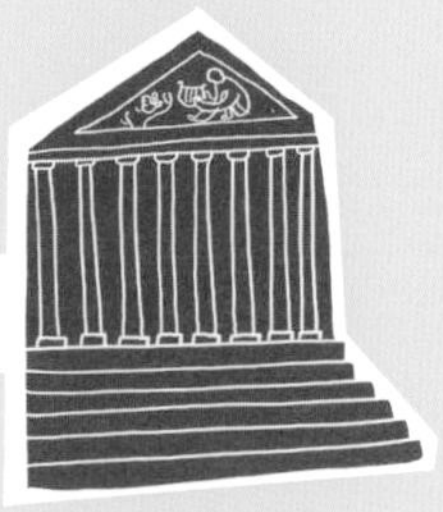

1. 美術館の歴史

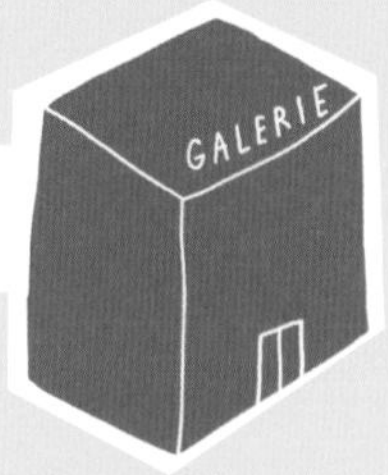

2. 美術館のしごと

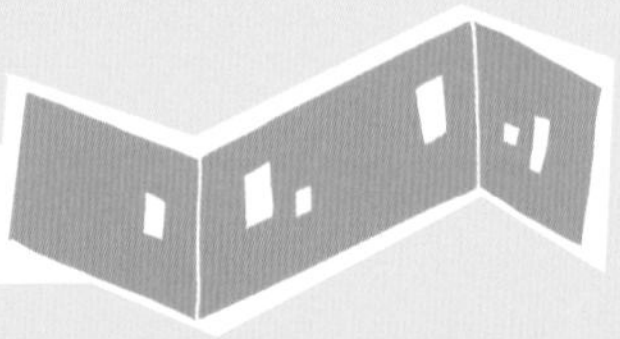

3. 展覧会のつくりかた

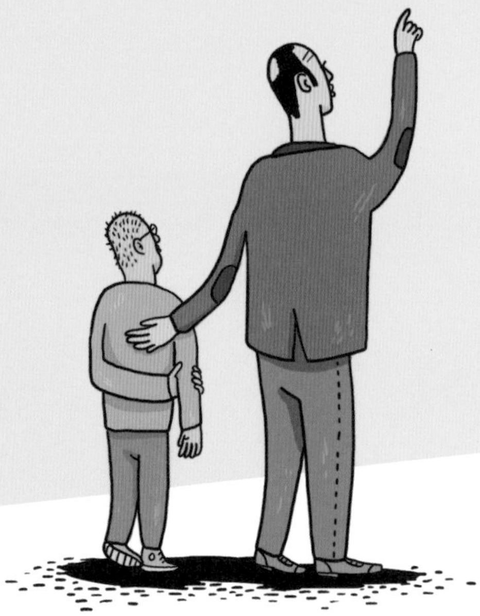

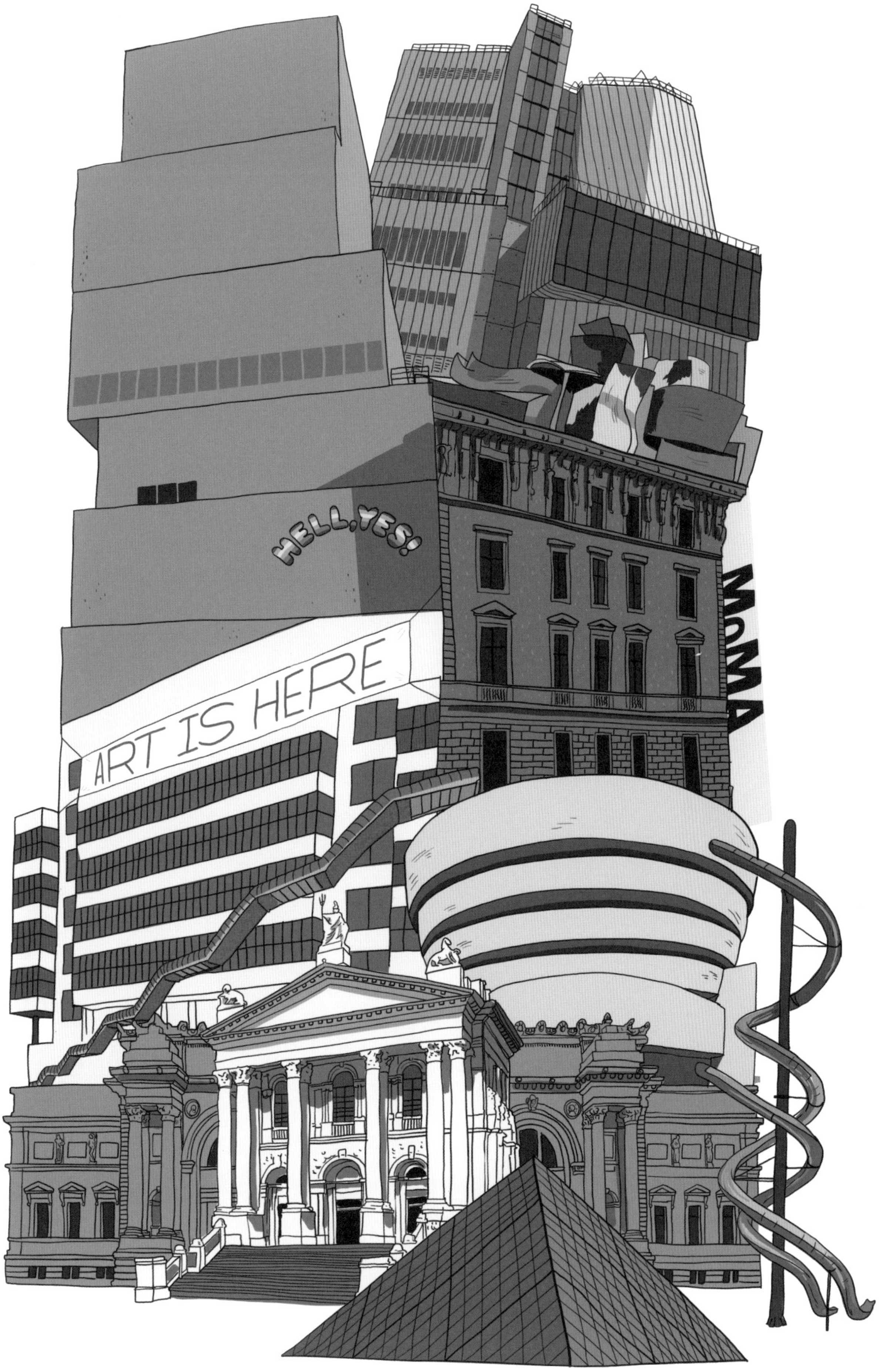
HELL, YES!
ART IS HERE
MoMA

ミ

という格言《かくげん》があ
例外ではありませ
っていたメディ
去ると、数世紀
コレクションは
てきました。

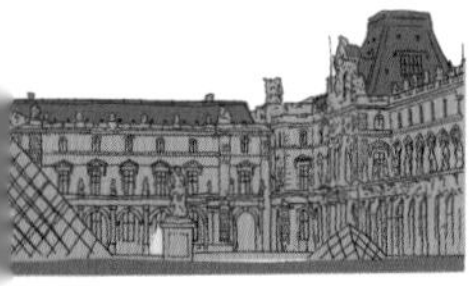

793年

その財産も不要になりま
、王室の豊《ゆた》かなコレク
ーとなる美術館を設立
なっているのは、モナ・
ン・ペイによるガラスの

協会美術館、

術館はフランス
によって建てら
デミア（美術大学

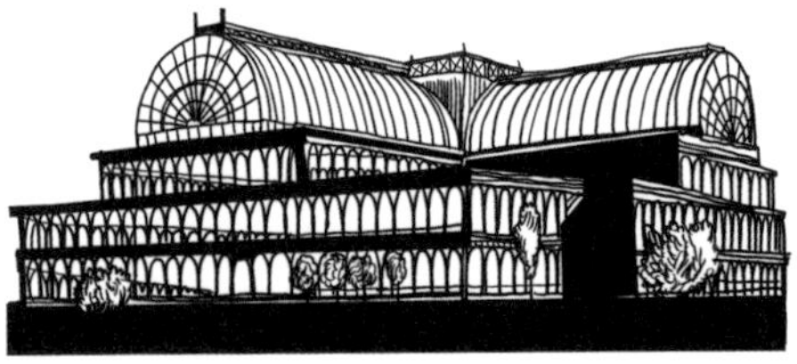

水晶宮《すいしょうきゅう》、ロンドン 1851年

水晶宮は、ロンドンで開催《かいさい》された世界初の万国博覧会のときに建設されました。当時としては独創的だった建築は、大きな論争を呼び起こします。展覧会のコンセプトもまた、異例なものでした。蒸気機関《じょうき》にまざって、絵画や彫刻が展示されていたからです。

落選展、パリ 1863年

いわゆる「サロン」（年1回開催される公的な展覧会）で、フランスのアカデミーの画家たちが半数以上の応募《おうぼ》作品の展示を拒否《きょひ》したことで、ある騒動《そうどう》が起きます。ついには、落選した絵だけを展示する風変わりな展覧会が企画されました。伝統的な絵画と新しい絵画がせめぎ合い、「美術批評《ひひょう》」というジャンルが誕生するのもこの頃《ころ》です。

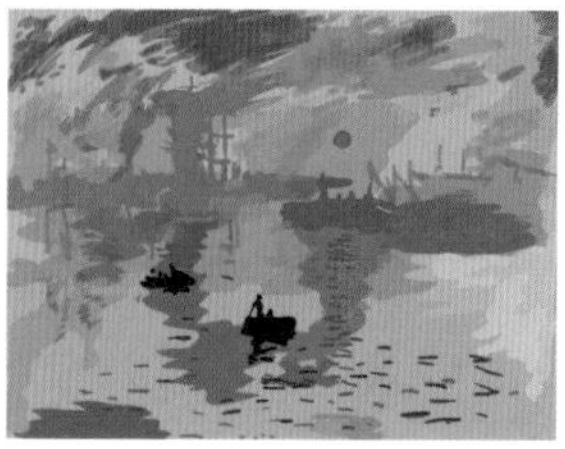

第1回印象派《いんしょうは》展、パリ 1874年

サロンの審査員《しんさいん》の評価に賛同しなかった芸術家のグループは、じぶんたちの絵画を写真スタジオで展示しました。ある作品のタイトルは「印象、日の出」。印象派が産声《うぶごえ》をあげた瞬間《しゅんかん》でした！

アンデパンダン展、パリ 1884年

サロンの審査員への反抗《はんこう》は、アンデパンダン展の開催でピークに達します。同展では、審査もなければ、賞も与えられませんでした。当初ばかにされていた印象派の画家たちは、徐々《じょじょ》に評価を高め、今日、かれらの作品は超《ちょう》一流ギャラリーの壁を飾っています。

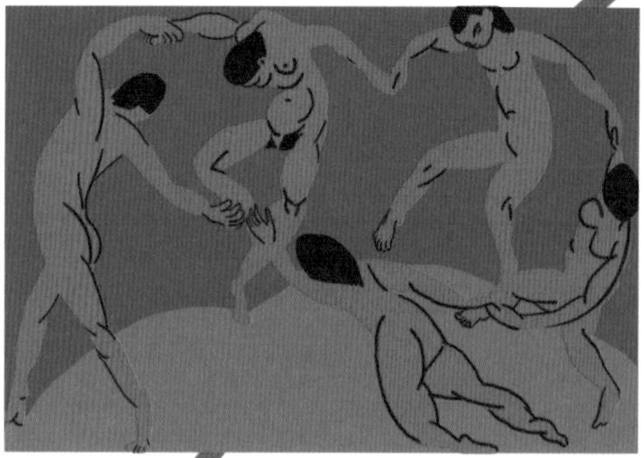

メトロポリタン美術館、ニューヨーク 1870年

合衆国でもっとも古く、もっとも規模《きぼ》が大きく、もっともよく知られた美術館。伝統工芸や現代《げんだい》アートをアメリカの大衆に紹介《しょうかい》するべく、企業家、銀行家、芸術家たちが集まって設立されました。

エルミタージュ美術館、サンクトペテルブルク 1852年（一般公開）

傑出《けっしゅつ》した美術品に圧倒《あっとう》されたいと思っても、それなりの芸術家が近くにいなかったら、どこかほかの場所を探《さが》すほかありません。そこで、エカテリーナ2世はヨーロッパ中から美術品を購入《こうにゅう》し、世界で一番大きな絵画コレクションの基盤《きばん》をつくりました。ちなみに、エルミタージュ美術館は、猫《ねこ》が暮《く》らすことが許《ゆる》された唯一《ゆいいつ》の美術館でもあります。

マウリッツハイス王立美術館、ハーグ 1822年

国王ウィレム1世は、オランダ人であれば誰でも自由に観覧《かんらん》できるよう王室のコレクションをネーデルラント王国に寄贈しました。

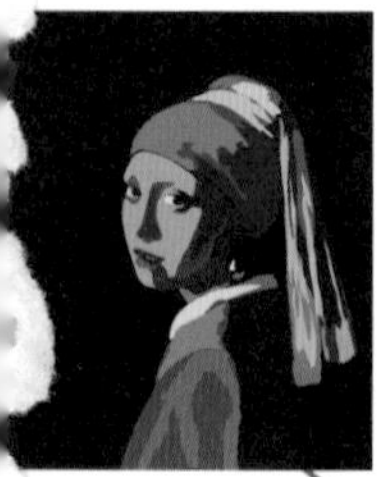

ナショナル・ギャラリー、ロンドン 1838年

世界でもっとも来館者の多い美術館のひとつであるナショナル・ギャラリーの始まりは、わりと質素《しっそ》なものでした。美術館設立を望む王は一人としておらず、同館の基礎となる38点の絵画を購入したのはイギリス政府《せいふ》だったのです。

アルテ・ピナコテーク、ミュンヘン 1836年

バイエルンの王家には、昔から熱心な収集家がいました。数世紀にわたって集められたコレクションが膨大《ぼうだい》なものになったため、バイエルン王ルートヴィヒ1世はミュンヘンに新しく美術館を建設しました。

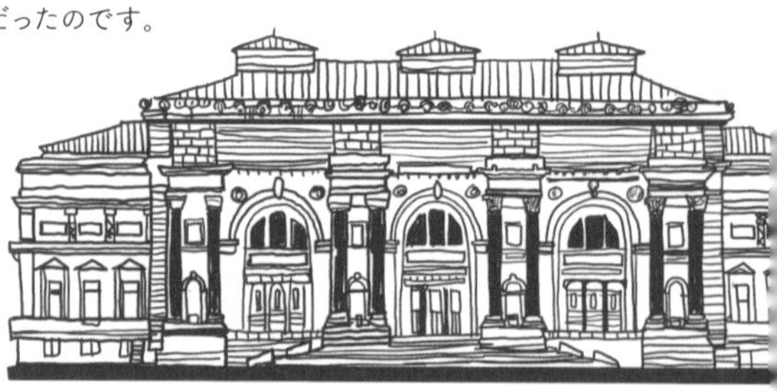

旧《きゅう》博物館、ベルリン 1830年

「美しい作品を鑑賞すれば、人びとの思考はより豊かになり、心はより美しくなるはず」。プロイセン王フリードリヒ・ヴィルヘルム3世はそう考え、国民のための博物館を設立し、自身のコレクションを同館に移しました。

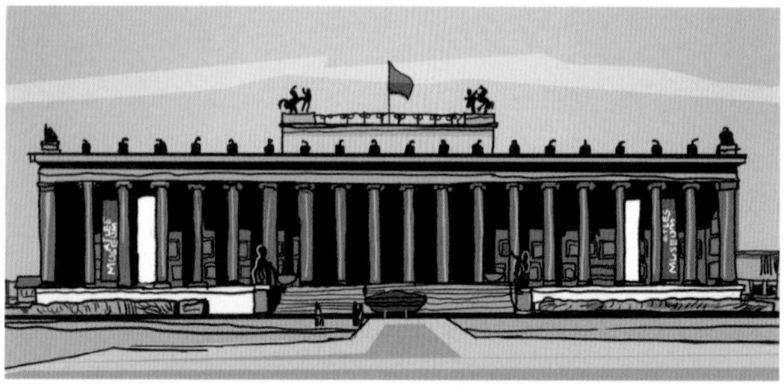

美術史美術館、ウィーン 1891年

城壁《じょうへき》の取り壊《こわ》しは、視野《しや》を広げる機会にもなります。かつてウィーンの要塞《ようさい》があった場所に自然科学博物館と美術史美術館の2つのミュージアムを建設することで、フランツ・ヨーゼフ1世は、それを、見事に実現しました。巨匠たちの作品をはじめ、自身のコレクションも同館へ移しました。

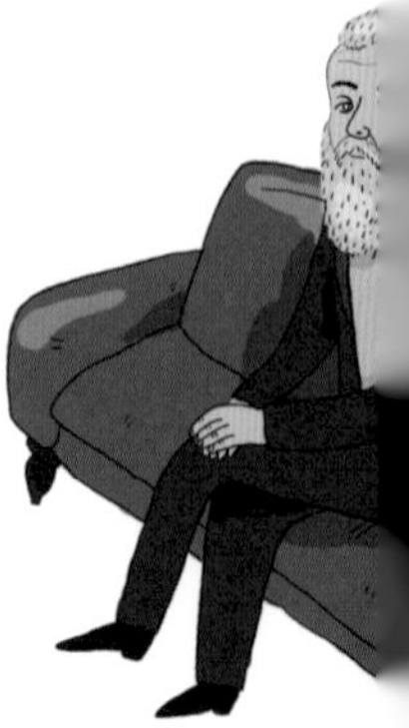

最古の美術館から

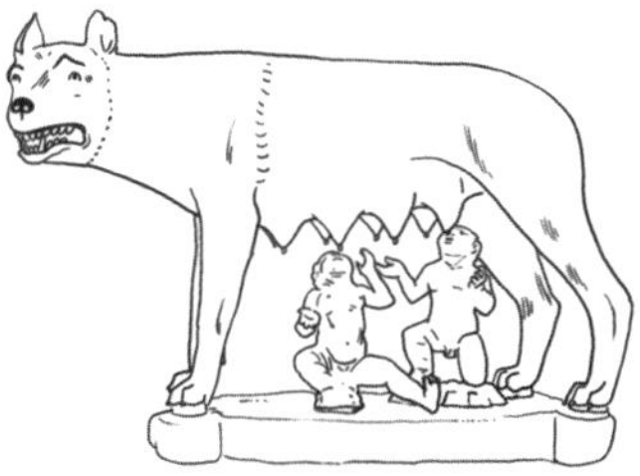

カピトリーニ美術館、
ローマ 1471年

教皇シクストゥス4世は、ローマのカピトリーノの丘《おか》に保管《ほかん》されていた古代彫刻のコレクションをローマ市民に寄贈《きぞう》します。美術館とギャラリーの歴史は、この日から始まったのです。

バチカン美術館、
ローマ 1506年

歴史上の事件《じけん》は、ときに思いもよらない結果をもたらします。ラオコーン像がバチカンで展示されたことが、有名なバチカン美術館の基礎となったのはその一例です。

アマーバッハ家の
展示室、
バーゼル
1661年

一般《いっぱん》公開された最初の美術館は収集家バジリウス・アマーバッハによるものでした。

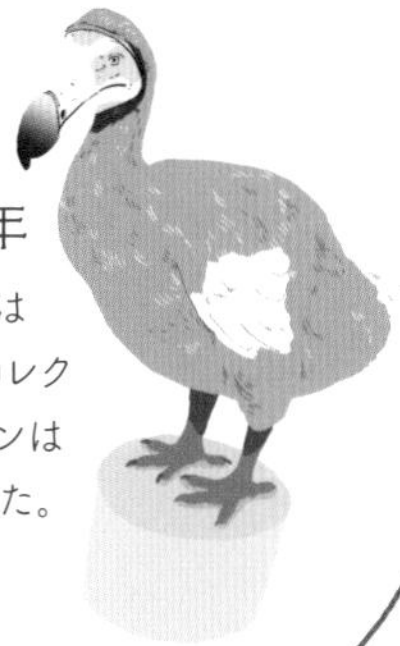

アシュモール博物館、
オックスフォード 1683年

学者エリアス・アシュモールはオックスフォード大学に珍品《ちんぴん》のコレクションを寄贈し、そのコレクションは分類されたのちに公開されました。コレクションには絶滅《ぜつめつ》したまぬけでのろまな（ドードーという名の）鳥も含まれていたのですが、残念ながら、その後、百年にわたって放置されていました。

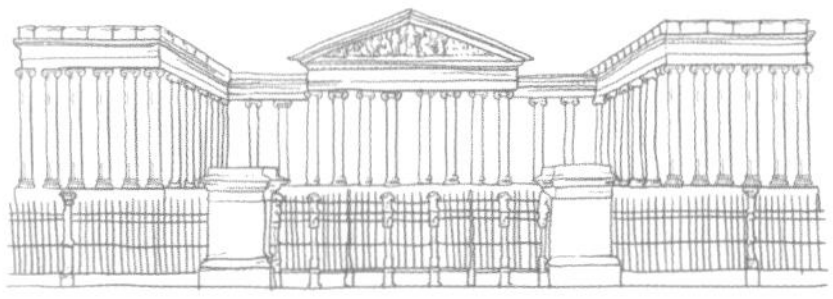

大英博物館、ロンドン 1753年

大英博物館は、設立当初から多くの建築のお手本となりました。ですが、ディオニソス寺院のファサードのような堂々たるエントランスが設置されたのは19世紀前半のことでした。

ウフィーツィ美術館、
フィレンツェ 1765年

「墓《はか》にはなにも持ちこむな」
ります——絵画や彫刻も、
ん。権力《けんりょく》と財力を合わせ
チ家最後の末裔《まつえい》がこの世
にわたって貯めこんできた
フィレンツェの街に舞いお

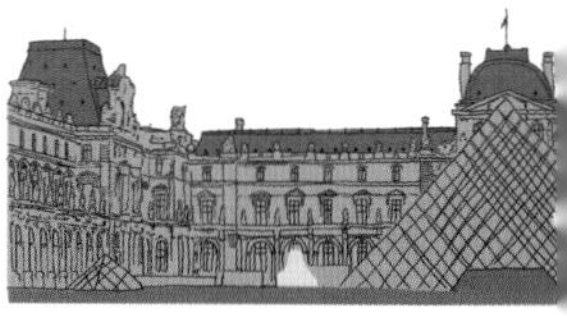

ルーヴル美術館、パリ 1

フランス革命《かくめい》で、国王ばかりか、
した。国民議会は王座を開放し
ションを公開し、訪問者《ほうもんしゃ》数が世界
したのです。美術館のシンボルと
リザとアメリカ人建築家イオ・ミ
ピラミッドです。

芸術愛好家愛郷《あいきょう》協
プラハ 1796年

チェコで初めての公立美
とは異なり、貴族の人び
れました。かれらは、アカ
のこと）も設立しました。

ベルギー王立美術館、
ブリュッセル 1799年

アカデミア美術館、
ヴェネツィア 1807年

ナポレオン・ボナパルトは遠征《えんせい》中に貴重な作品を多数押収《おうしゅう》しましたが、それらの多くは今日ルーヴルにあります。南イタリアを支配したときには、地元の修道院や教会から没収《ぼっしゅう》した彫刻や絵画で、ヴェネツィアのアカデミア美術館が豊かなものになりました。

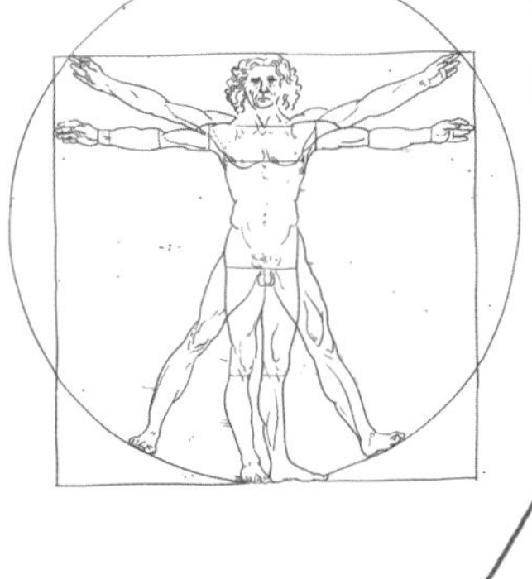

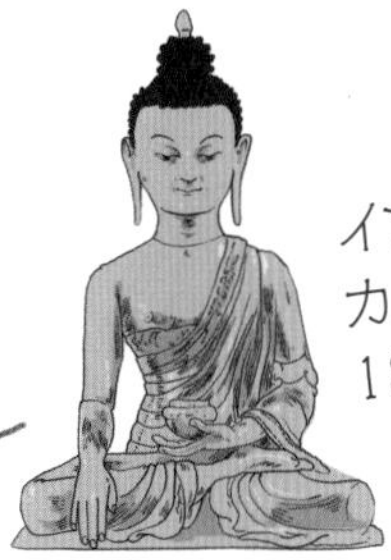

インド博物館、
カルカッタ
1814年

博物館・美術館は基本的にヨーロッパの発明ですが、それがインドに渡《わた》ったのは大英帝国《ていこく》に支配されていた時代のことでした。

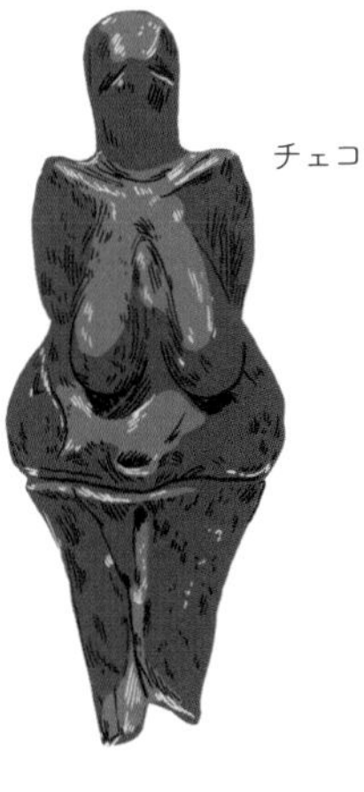

フランツ美術館、
ブルノ 1817年

チェコでは、ほとんどのものがプラハで始まります。皇帝フランツ1世が設立したこの美術館も、チェコで2番目に古いものです。

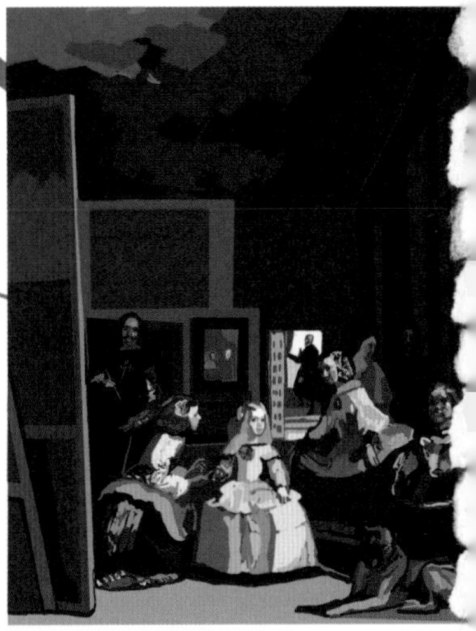

プラド美術館、
マドリッド 1819年

話題になるのが画家や彫刻家だったとしても、王であれば誰でも他国に遅れをとりたくはないもの。スペイン王フェルナンド7世は、スペインの芸術家も、イタリア人やフランス人、それにオランダ人とも張《は》り合えるはずだと美術館を開きました。

1. 美術館の歴史

美術館は、どこで、どうやってできたの？

美術館もしくは**画廊**《がろう》（ギャラリー）は、大昔に始まったものではありません。とはいえ、元になった言葉は、「ムセイオン」という古典ギリシア語です。これは、ムーサたちの神殿《しんでん》、つまり、詩を書いたり、歌を作ったり、踊《おど》りを舞《ま》うときに芸術家に霊感《れいかん》を与《あた》える女神たちの神殿を意味していました。当時の画家、彫刻家、建築家《けんちくか》は、ムーサがいなくては何もできませんでした。というのも、芸術家として称賛《しょうさん》されるようになるのは、娯楽《ごらく》や教養を目的として美術品が収集《しゅうしゅう》されるようになってからのことだったからです。

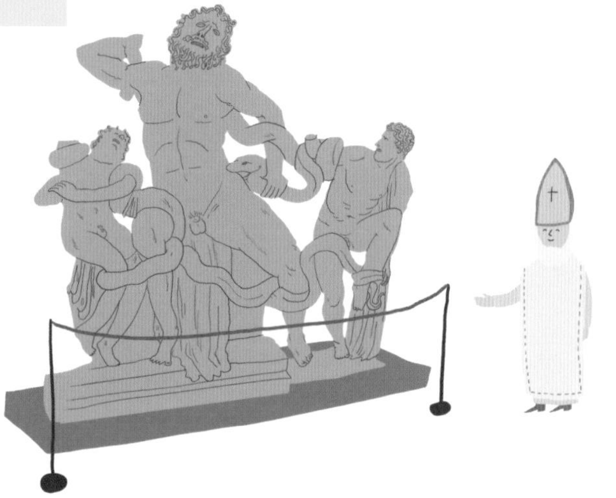

公共の美術館の起源《きげん》は、1506年に遡《さかのぼ》ります。この年、ローマのぶどう園で、ある古代彫刻が見つかりました。当時の教皇《きょうこう》ユリウス2世は、この発見の価値《かち》を見極めるため、宮廷《きゅうてい》建築家ジュリアーノ・ダ・サンガッロともうひとりの芸術家――教皇に仕え、ミケランジェロにも劣《おと》らない人物――を派遣しました。ふたりは目の前にあるのが紛《まぎ》れもないお宝《たから》、ラオコーンとその息子（ギリシャ神話の人物）をあらわす古代彫刻であるとただちに判断《はんだん》しました。そこで、教皇はぶどう園の主から彫刻を買い取ることにし、発掘《はっくつ》して修復《しゅうふく》し、高貴《こうき》な人たちが鑑賞できるようにバチカンに展示したのです。この流れは、基本的《きほんてき》に今日まで変わっていません。遠い過去《かこ》の貴重な美術品をある場所に移《うつ》し、ふさわしいかたちに修復し、他の作品とともに並《なら》べるというわけです。過去の美術品に近づくことができるのがギャラリーや美術館なのです。

次いで、多種多様な「美術と驚異《きょうい》の部屋」が、そしてすこし遅《おく》れて絵画陳列《ちんれつ》室《しつ》が、ヨーロッパ各地で誕生《たんじょう》します。当初、観客はきわめて限《かぎ》られていました。訪《おとず》れることができたのは、収集家とその友人たち、大半は貴族の人たちでした。さらに、画家、彫刻家、建築家、作家、錬金術師《れんきんじゅつし》、発明家、それに学者たち。ですが、すこしずつ変化が起こります。パリのルーヴルのように、民衆《みんしゅう》が変化を求めたり、支配者《しはいしゃ》や貴族みずからコレクションを公開することもありました。そして、芸術や教育には大きな力が秘《ひ》められているのを悟《さと》った大統領《だいとうりょう》や実業家たちが美術館や画廊を設立するようになります。美術や教育が、人と人の垣根《かきね》を取り払い、相互理解をもたらすものだと気づいたからです。

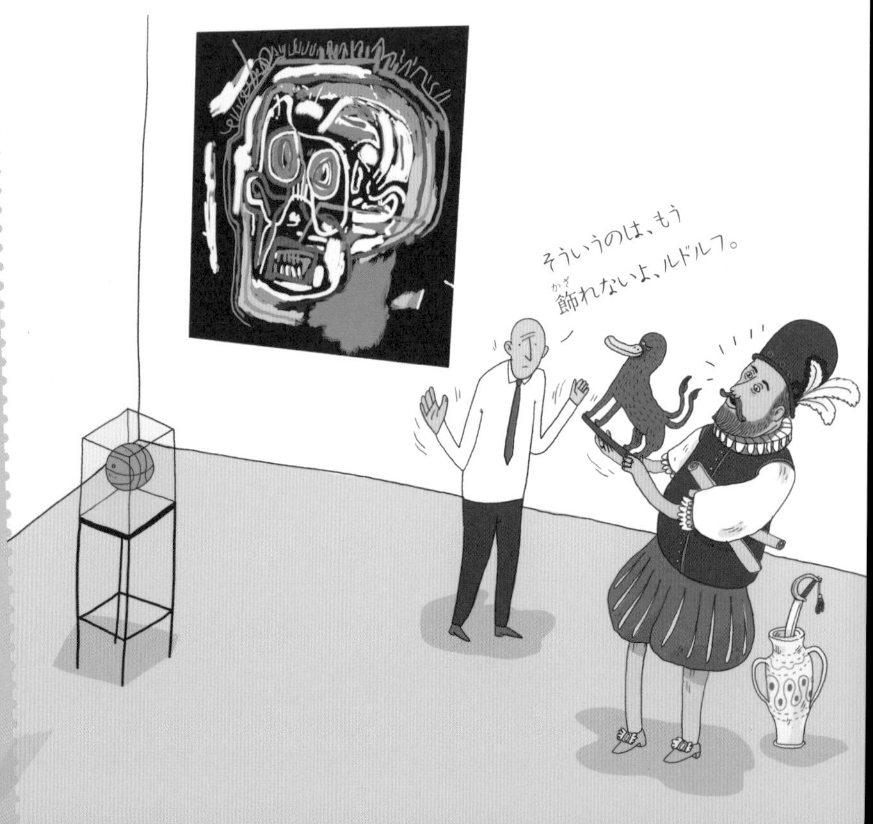

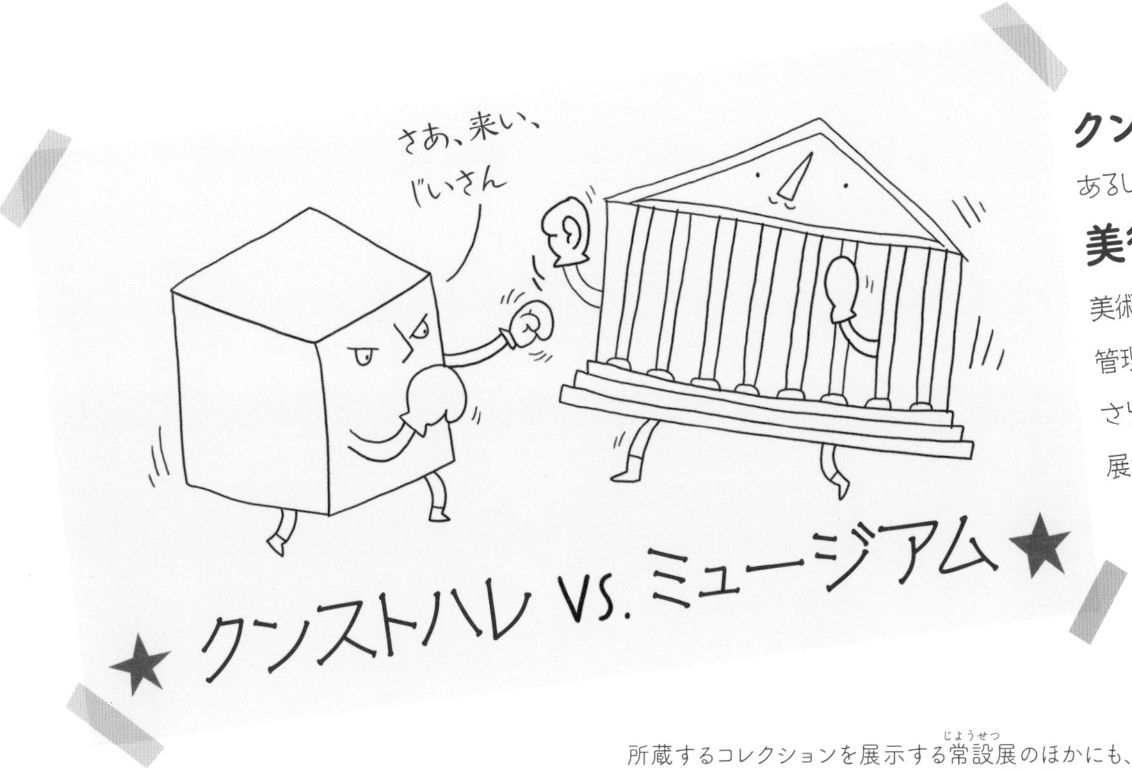

クンストハレ
あるいは
美術館 は
美術品を収集し、
管理し、
さらに
展示もします。

所蔵するコレクションを展示する常設《じょうせつ》展のほかにも、特定のアーティスト、時代、芸術運動に焦点《しょうてん》をあてた短期間の企画展も行なわれています。

美術館（ミュージアム）

ここでは、過去の美術品のなかでも、価値のあるもの、一見に値するものが公開されています。そのため、柔軟性《じゅうなんせい》に欠け、退屈《たいくつ》で、さらにはカビ臭《くさ》いといった印象を抱《いだ》く人も多いかもしれません。ですが、すべてがそうだというわけではありません。最近の美術館は、子どもを含《ふく》め、誰《だれ》にでもわかりやすく、魅力《みりょく》的《てき》な方法で作品を展示しています。

クンストハレ
（ドイツ語で「芸術のホール」）

多くは美術団体《だんたい》が、会員の作品を展示する目的で創設したもの。美術館と異なるのは、所蔵するコレクションがなく、展示期間は2、3か月程度《ていど》である点。通常、生きている芸術家の作品が展示されます。

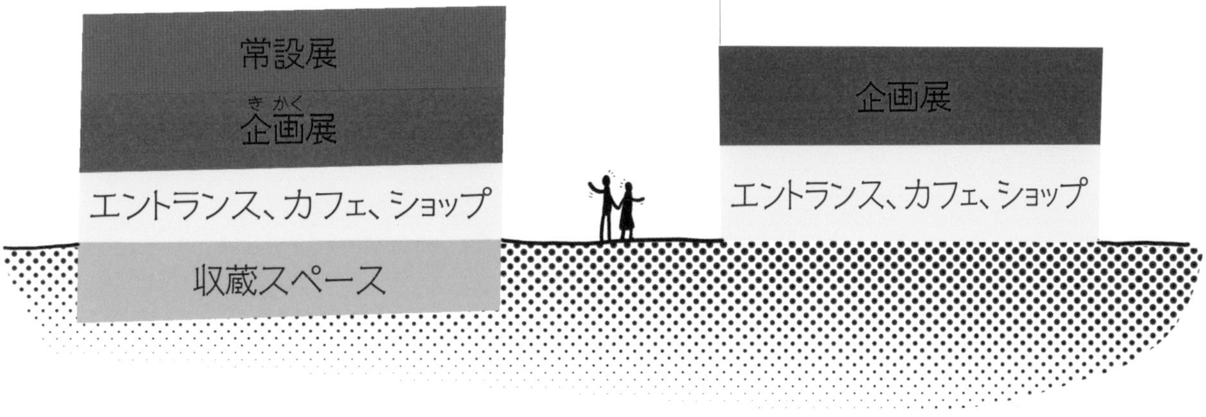

今日の美術館では、ルドルフ2世の時代のように、所蔵する絵画をただ壁《かべ》にかけたり、彫刻を設置したり、あるいは単なる気まぐれで奇妙《きみょう》なカモノハシを置いてみるだけでは事足りません。来館者が求めているのは、美しさだけではありません。教養を深め、夢中にさせてくれる物語も展示品に求めているのです。

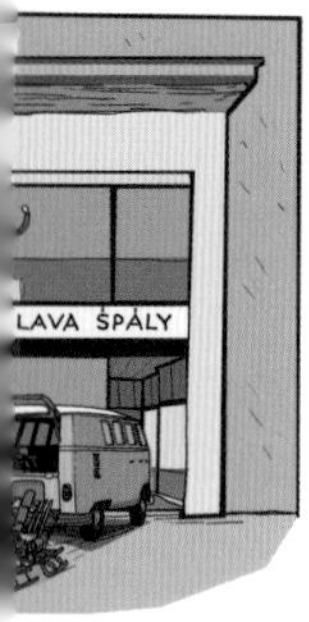

ュパーラ画廊、
959年

な画廊は、第二次
術に大きな影響《えいきょう》を
アーティストを支
ペツキーの企画の

ミュンスター
彫刻プロジェクト
1977年

もし芸術を表現するのにギャラリーがせまいというのなら、路上でやってみるのもありかも。今日では、さほど珍しくありませんが、1977年ではちょっとした革命でした。

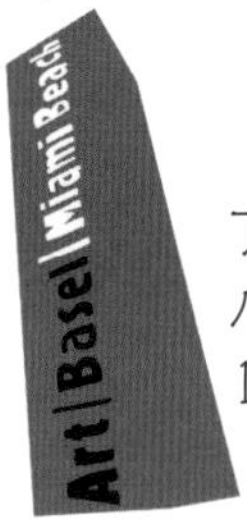

アート・バーゼル、
バーゼル
1970年

有名無名のアーティスト、大富豪《だいふごう》からそうでないコレクターまで、一堂に会した、ほかに類を見ないイベント。一言でいえば、アートフェア。

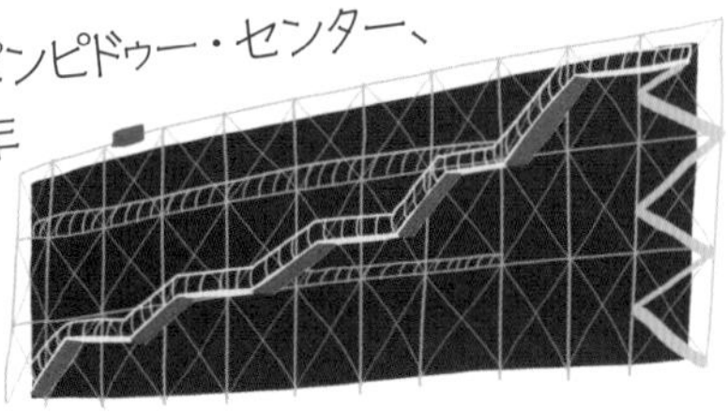

ジョルジュ・ポンピドゥー・センター、
パリ 1977年

現代アートの美術館は、作品同様、挑発的であるべきか？　もちろん、そうだ——建築家ジャンフランコ・フランキーニ、レンゾ・ピアノ、リチャード・ロジャーズはこういう信念で、美術館を文字どおり裏表ひっくり返してしまいます。配管、ケーブル、階段、エレベーターなど、通常隠《かく》されているものが美術館の正面部分となったのです。世の中とは不思議なもので、今では、パリでもっとも人気のある観光地になっています。

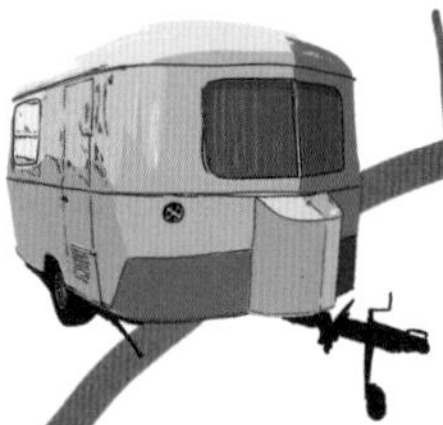

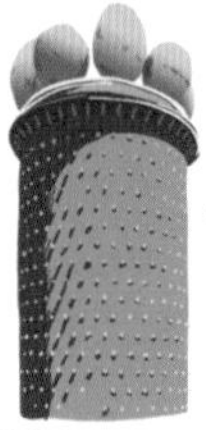

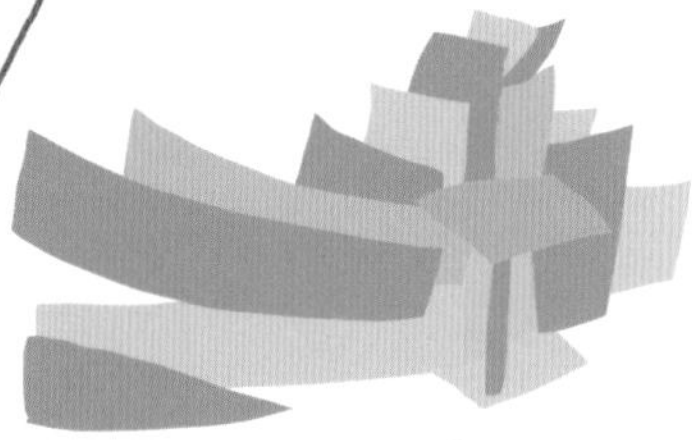

ノ（美術市）、
967年

ダリ美術館、
フィゲラス 1974年

巨匠《きよしよう》と呼ばれる芸術家の誰もが、偉大《いだい》な才能ばかりか、自分の美術館を建ててしまうほどの自意識をもっているわけではありません。それを行動に移したのが、カタルーニャの画家ダリでした。

グッゲンハイム美術館、
ビルバオ 1992年

ニューヨークのグッゲンハイム美術館がビルバオという小さな街に分館を開くと、ささやかな奇跡《きせき》が起きました。古い工場と波止場《はとば》ばかりの味気ない街が、世界中の旅行客を魅了する場所になったのです。そう、美術館やアートにはこういう力もあるんですよ。

中国美術館（NAMOC）、
北京 1963年

国立美術館、
メキシコ 1982年

TATE

テート・モダン、
ロンドン 2000年

元は発電所の跡地《あとち》、電気の代わりに絵を飾り、テムズに架かる橋を渡したおかげで来館者は多数。

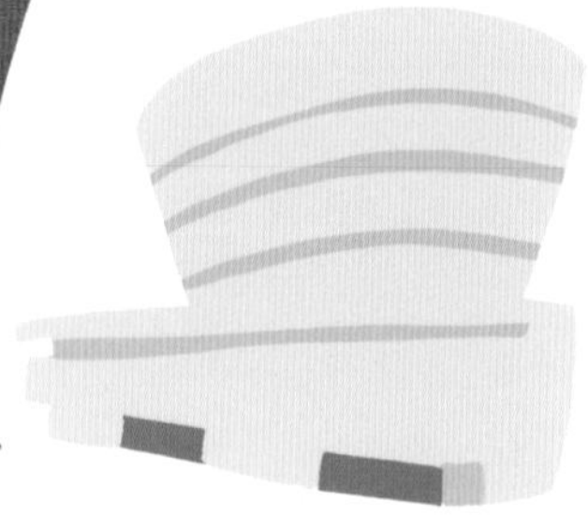

クンストハウス、
グラーツ 2003年

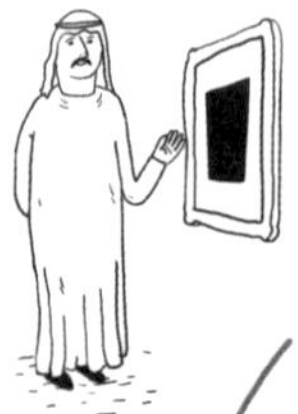

ルーヴル・
アブダビ
2016年

あの有名な美術館は、超国家的な商業ブランドとなりました。

グッゲンハイム美術館、
ニューヨーク 1959年

高名なアメリカの建築家フランク・ロイド・ライトは、モダンな作品をモダンに展示する方法を考え出します。建物にはひとつの天窓以外に窓はなく、螺旋《らせん》状のスロープを降りていきながら、来館者は絵を眺めていきます。そう、もう脚が痛くなることなんてないのです！

グーグル・
アート・プロジェクト、
2011年

ヴァーチャルな美術館には、現実の美術館と共通する点が1つ。展示品に手を触《ふ》れることはできないということ。

コロンバ美術館、
ケルン 2007年

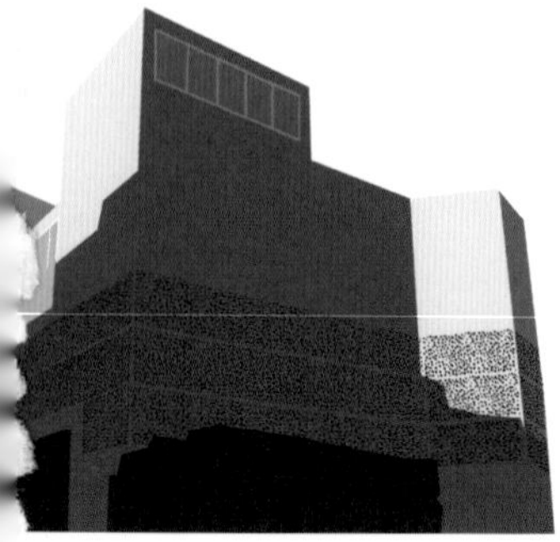

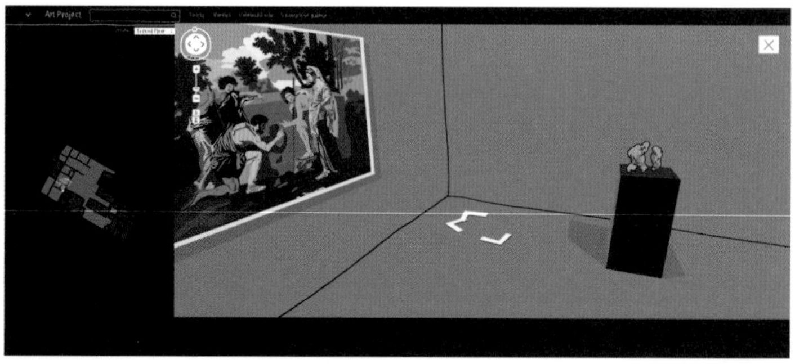

現在（そして未来）まで

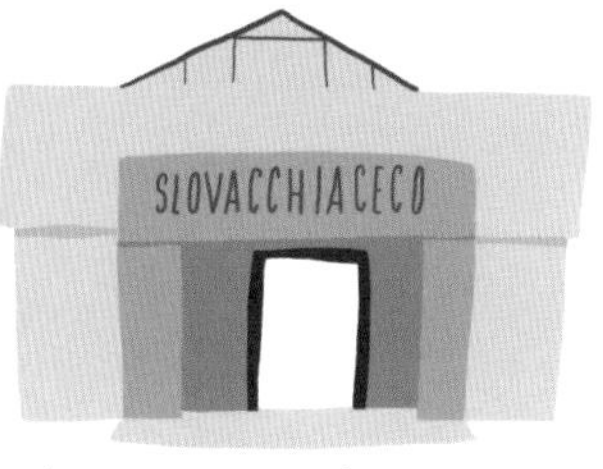

ヴェネツィア・ビエンナーレ、ヴェネツィア 1895年

世界最大規模の展覧会で世界中の新作アートを鑑賞すべく、2年ごとにヴェネツィアへ出かけるのは優雅《ゆうが》なものです。アート・シーンでもっともモダンで、もっとも生きのいい作品を見せつづけているので、100年以上も続いているのでしょう。

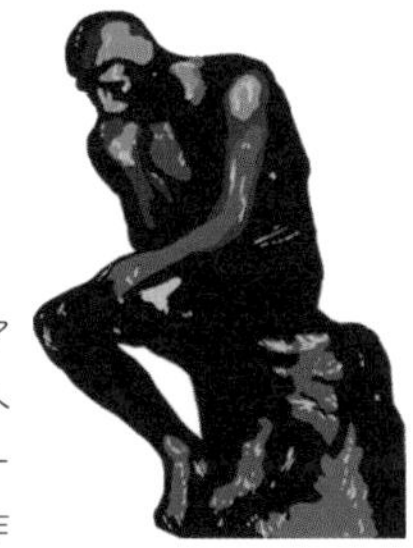

マーネス芸術協会（オーギュスト・ロダン展）、プラハ 1902年

この年、フランスの彫刻家オーギュスト・ロダン展にあわせて、展示施設《しせつ》が建設されました。大事なことは、これ以降《いこう》の展覧会は、今日私たちが知っているものとほぼ同じだということ——アーティストは入念に選ばれ、建築家は展覧会の外観を手がけ、晴れ晴れしいオープニングが行なわれ、解説文や絵を収録する図録が販売《はんばい》されます。

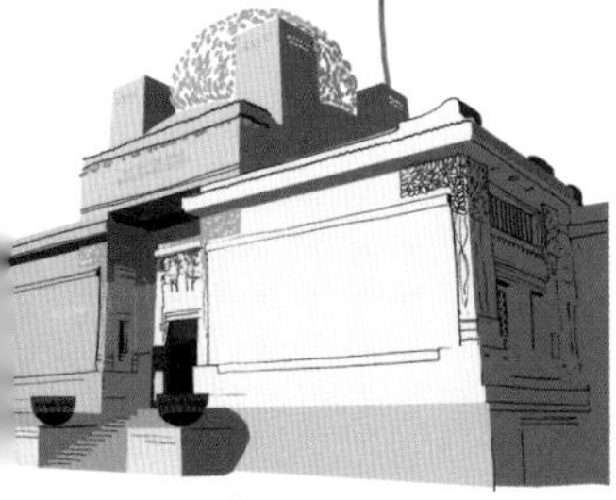

ウィーン分離派《ぶんりは》、ウィーン 1897年

保守的で悪趣味《あくしゅみ》な芸術に反旗を翻《ひるがえ》す画家、彫刻家、建築家が集《つど》い、自分たちの展示施設を建設。ここから、ウィーン分離派の闘いがはじまります。

国立西洋美術館、ブダペスト 1906年

クンストハウス（芸術の家）、ブルノ 1911年

チェコでもっとも美しい展示施設のひとつであるこの建物は、モラヴィアのドイツ系《けい》芸術家たちの施設として誕生しました。

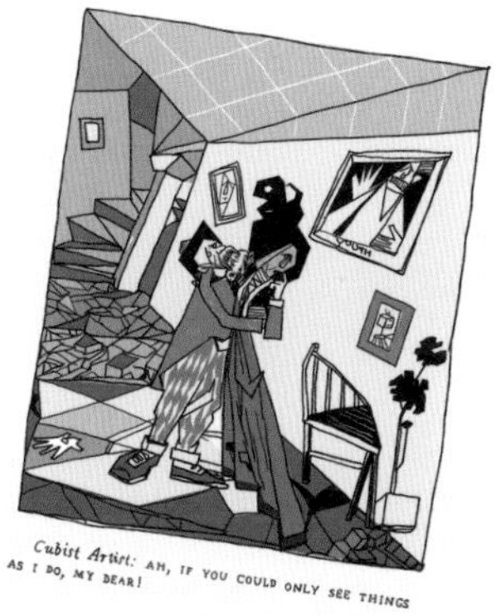

アーモリー・ショー、ニューヨーク 1913年

アメリカ合衆国で最初のヨーロッパ近代美術展として、観衆に衝撃《しょうげき》を与えました。さて、私たちの世界が近代の画家や彫刻家が描くようなかたちになる日がいつかやってくるのでしょうか？

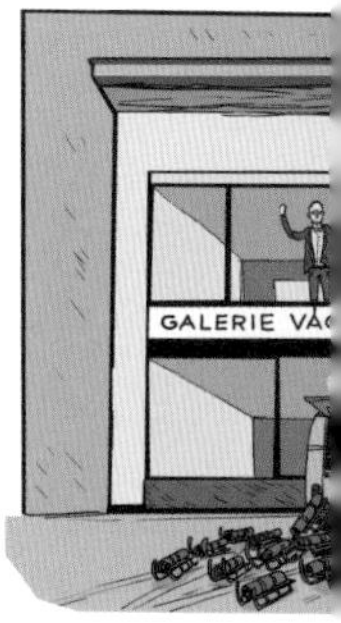

ヴァーツラフ・シ
プラハ 1

プラハにあるこの小さ
世界大戦後のチェコ美
与えました。それも、若《わか》
援したインジフ・ハル
おかげです。

アート・ケルン
ケルン 1

現代チェコスロヴァキア文化展、ブルノ 1928年

モダンの芸術、建築、そしてライフ・スタイルを表現する同展のシンボルとなったのは、なんと、毛むくじゃらのマンモスでした。

ニューヨーク近代美術館（MOMA）、ニューヨーク 1929年

この美術館はすくなくとも2つの理由から異例なものです。ひとつは、裕福《ゆうふく》な3人の婦人《ふじん》によって設立されたこと。もうひとつは、設立当初から現代アートに特化していたということ。

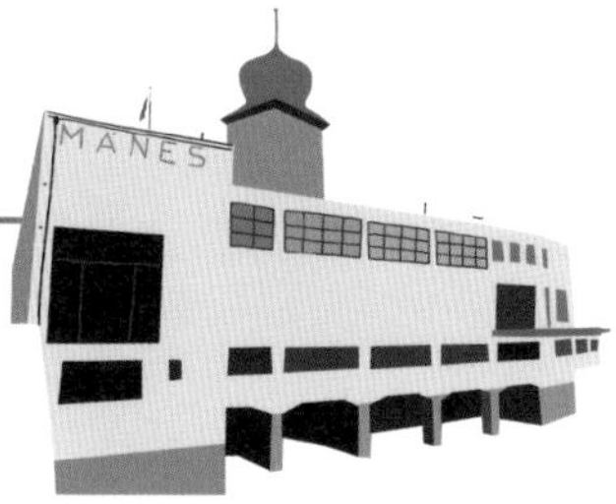

マーネス画廊、プラハ 1930年

オタカル・ノヴォトニーによる美しい建物は、じつはヴルタヴァ河岸とスラヴ島を結ぶ橋の上に建っています。

ナショナル・ギャラリー、ワシントン 1937年

ソ連政府がエルミタージュ美術館のコレクションの一部を売却《ばいきゃく》した際《さい》、アンドリュー・W・メロンの財団が21点の貴重な絵画を買い取ります。これが、今日の巨大《きょだい》なコレクションの基礎となりました。

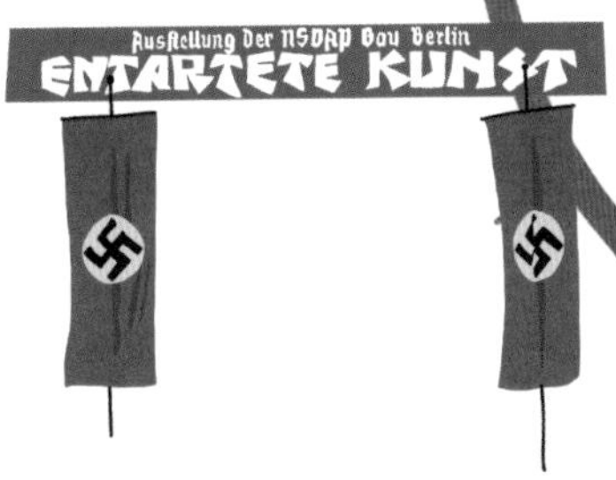

退廃《たいはい》芸術展、ミュンヘン 1937年

ナチス・ドイツの指導者《しどうしゃ》は、近代芸術は退廃的で有害だと烙印《らくいん》を押《お》しました。ミュンヘンで行なわれた同展は、現代芸術家たちをこき下ろすべく企図《きと》されたものでした。

近代美術館（MAM）、リオ・デ・ジャネイロ 1948年

プラハ国立美術館、プラハ 1949年

「国立美術館」という名前は、それ以前の名称——「芸術愛好家愛郷協会美術館」や「王立ボヘミア近代美術館」——より、はるかにシンプルです。

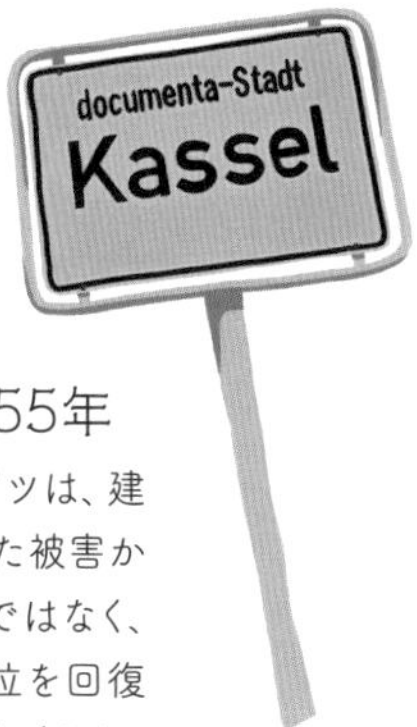

ドクメンタ、カッセル 1955年

戦後まもないドイツは、建物や工場が受けた被害から立ち直るだけではなく、現代アートの地位を回復することも求められました。この点で大きな役割を担ったのがこの美術展です。

スロヴァキア国立美術館、ブラチスラヴァ 1958年

モラヴィア美術館、ブルノ 1961年

（モラヴィア博物館から）分離し、（工芸博物館と）合併《がっぺい》して、チェコ共和国で2番目に大きな美術館がブルノに出現しました。

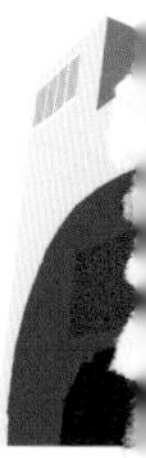

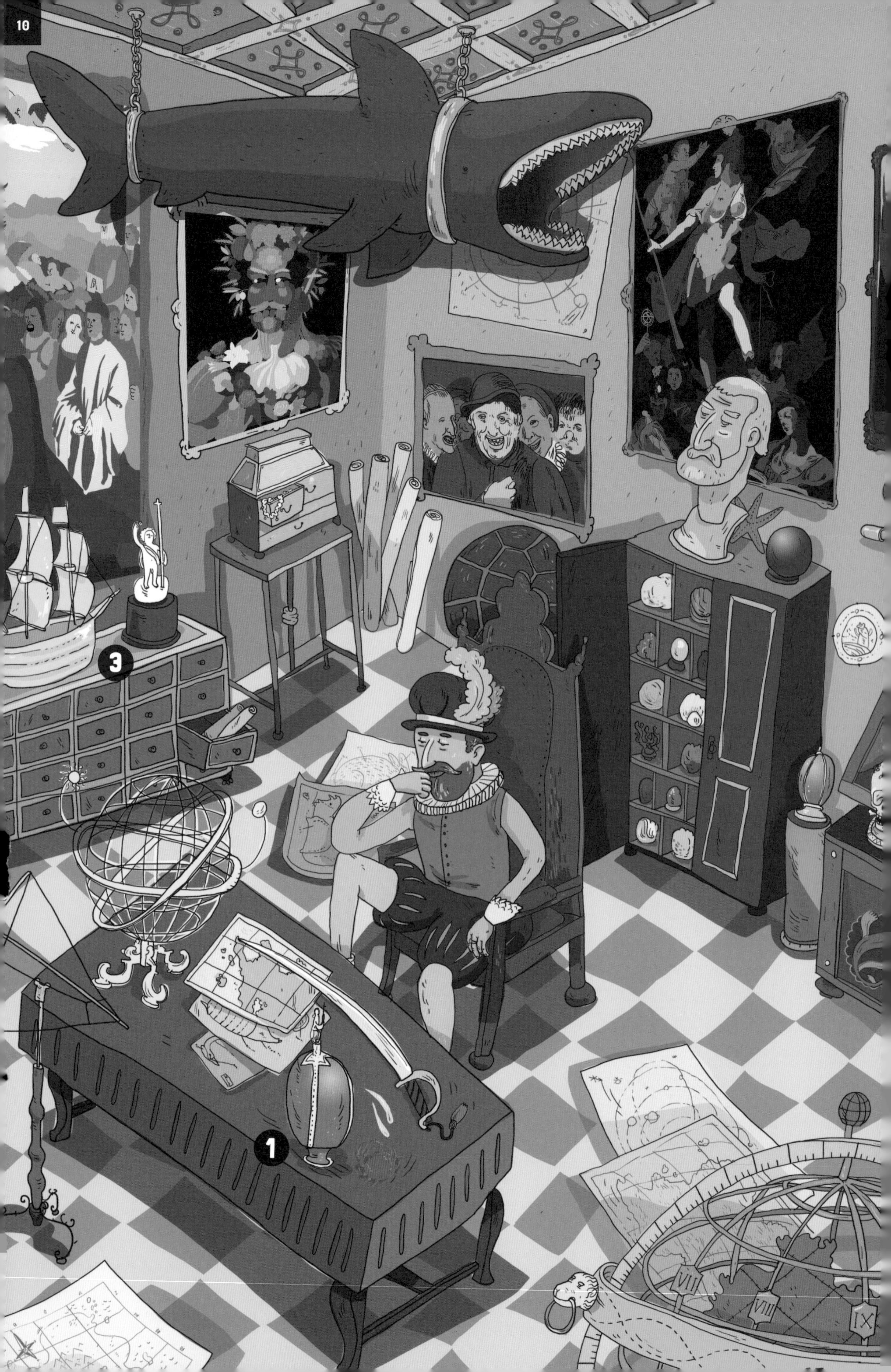
3
1
VII
VIII
IX

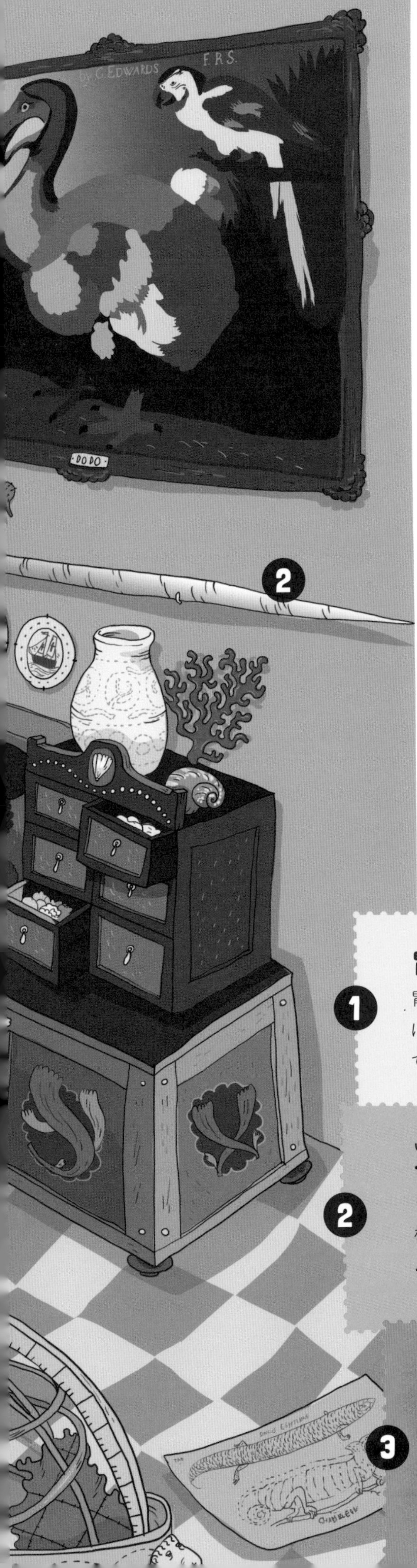

芸術と驚異の部屋

16世紀末、神聖ローマ帝国皇帝ルドルフ2世は宮廷をプラハに移します。ルドルフの時代には、ヨーロッパ各地から数多くの錬金術師や占星術師《せんせいじゅつし》、発明家、それに芸術家がプラハにやってきました。

ルドルフ2世は、プラハ城内《じょうない》に〈芸術の部屋《クンストカマー》〉をつくります。〈芸術の部屋〉とはコレクションのある部屋のことですが、当時の貴族たちは好んでそのような展示スペースを設けていました。〈芸術の部屋〉の評判を耳にした者たちは、部屋に招《まね》き入れてもらえるかもしれないと希望を抱いて、さまざまな貴重品を持参しました。こういった寄贈品やプラハの宮廷に滞在《たいざい》した芸術家たちのおかげで、ルドルフのコレクションは増《ふ》えていきました。ルネサンス期の〈芸術の部屋〉では、人間の作品と自然の産物が一緒《いっしょ》に並べられ、区別されることはありませんでした。

多種多様な宝石や彫刻、高価な宝石が嵌《は》めこまれた器、象牙《ぞうげ》のミニチュア、銅板《どうばん》彫刻、貴重な手稿《しゅこう》、東洋の武器《ぶき》、時計、さらには天文学の器具といったものが、狩《か》りの戦利品、鉱物《こうぶつ》、貝殻《かいがら》、異国の鳥の羽やエキゾチックな植物の実などとともに、同じ一室で所狭しとひしめきあっていました。とくに賞嘆《しょうたん》されたのは、自然の産物に職人《しょくにん》が手を加えて魅力を増《ま》したもの。ルドルフ2世のコレクションと肩を並べるのは、ハプスブルク帝国の歴史を通しても、アンブラス城にあるチロル大公フェルディナンド2世の〈芸術の部屋〉ぐらいでしょう。

1

胃石《いせき》

胃石とは、動物の胃のなかで消化されずに残った食べ物が石灰化《せっかいか》したもの。かつては、このような石には魔力《まりょく》が宿るとされ、疫病《えきびょう》の感染《かんせん》を防《ふせ》ぎ、どんな毒も防ぐと信じられていました。

2

一角獣《いっかくじゅう》の角《つの》

〈芸術の部屋〉には、伝説的な一角獣の角を欠かすわけにはいきません。実際は、北極海のクジラ目の動物から取られた牙《きば》でした。架空《かくう》の一角獣の角にも、胃石とおなじような効果があるとされていました。

3

機械じかけのおもちゃ

おもにお金のかかる大人向けの玩具《がんぐ》のこと。その大半は、熟練《じゅくれん》した金細工職人の手によるもの。たとえば、あるものは、車輪のついた船の形をしていて、そのデッキで金めっきの小さな船乗りたちがいろいろな作業をしていますが、この自動人形たちにまざって、クジャク、熊《くま》、あるいは猿《さる》といった動物の姿《すがた》も見受けられます。

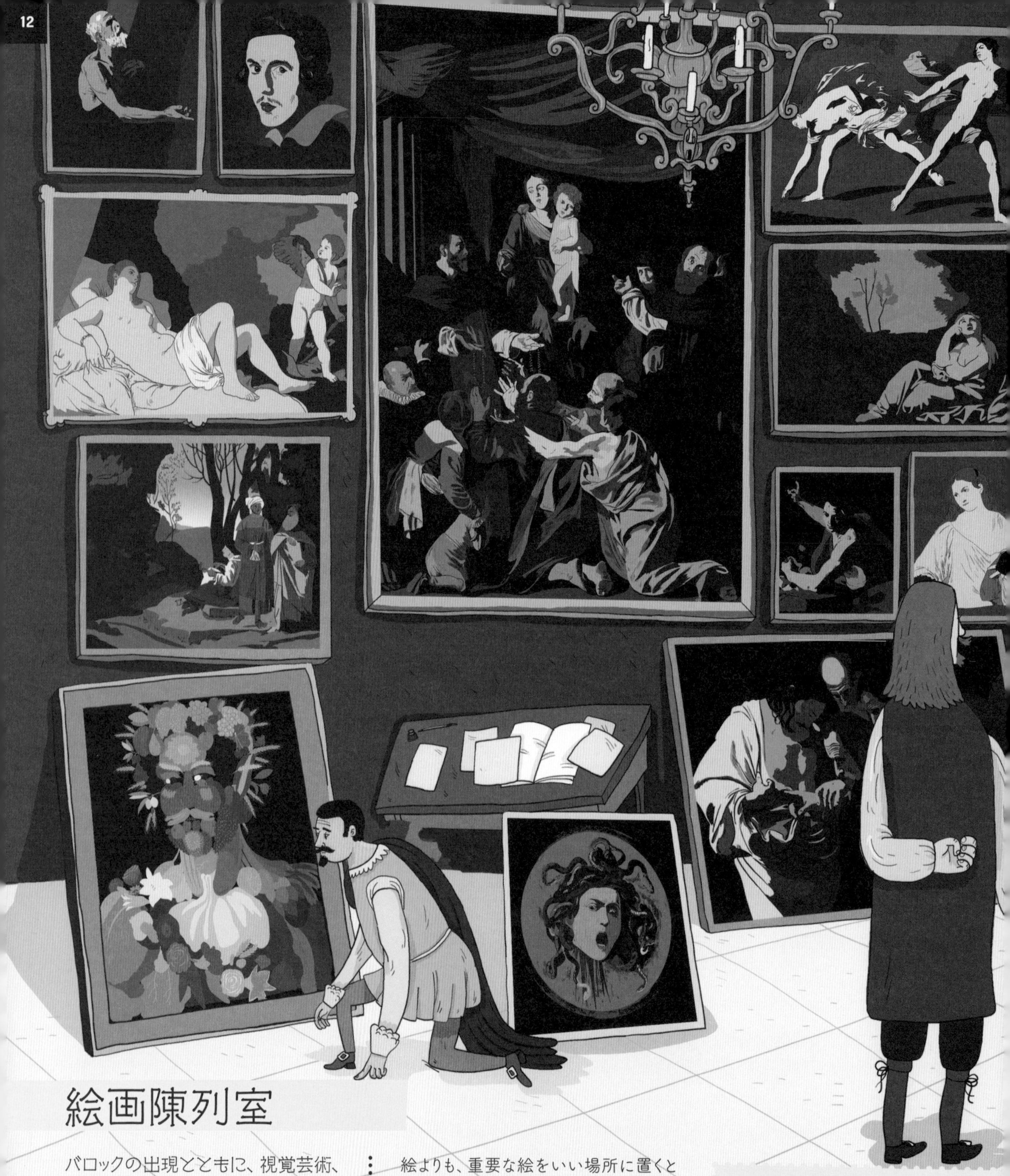

絵画陳列室

バロックの出現とともに、視覚芸術、とくに絵画に詳しい貴族のコレクターが現《あらわ》れはじめます。〈芸術の部屋〉は、徐々に絵画陳列室にその場を明け渡していきます。

絵画陳列室の運営《うんえい》は管理人に任《まか》されていました。かれらは、今日の学芸員（キュレーター）が担《にな》う役割《やくわり》を果たしていたのです。絵画を置く場所を決めるときは、それほど知られていない画家の絵よりも、重要な絵をいい場所に置くというルールにしたがいました。展示品の保護《ほご》にも、気を使います。価値ある作品が、日光や埃《ほこり》、湿気《しつけ》の影響で劣化《れつか》しないよう、カーテンで包まれることもありました。訪問者がカーテンをめくると、あっと息をのむような光景を目にしたかもしれません。このようにして、美術館やギャラリーの基礎がバロックの時代にできたのです。

コレクター ❶

当時、絵画陳列室を所有していた人たちは、絵画の優れた鑑定家でもありました。バロックの時代は、美術コレクションのために部屋を建設することは、貴族の最高の美徳《びとく》のひとつと見なされていました。もっとも重要なバロック様式のギャラリーは、17世紀の半ば、ブリュッセルに建設されています。

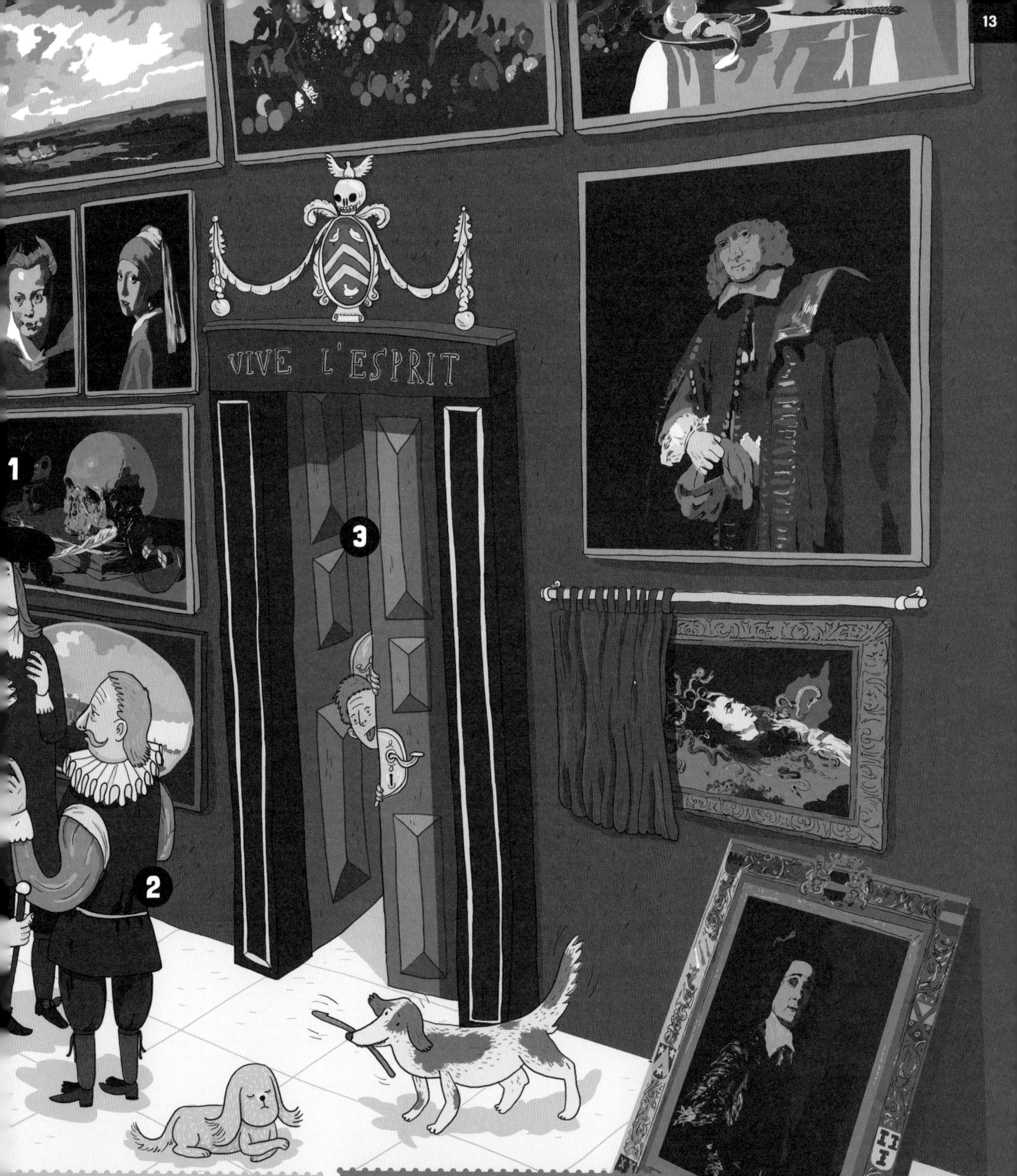

絵画陳列室の管理人：キュレーター ②

（ラテン語のcurare「世話をする」にもとづく）

絵画陳列室の管理人は、美術に通じているだけでなく、作品の価値を判断でき、優れた美的センスを持った人物でなければなりませんでした。管理人が画家であることもしばしばありました。

目録 ③

目録とは、絵画陳列室が所蔵する作品の一覧表のことで、絵画陳列室の管理人がまとめた目録は詳細《しょうさい》なものが多くありました。作品ごとに、番号のほかに、スケッチ、説明、サイズなどの情報《じょうほう》が記されていました。

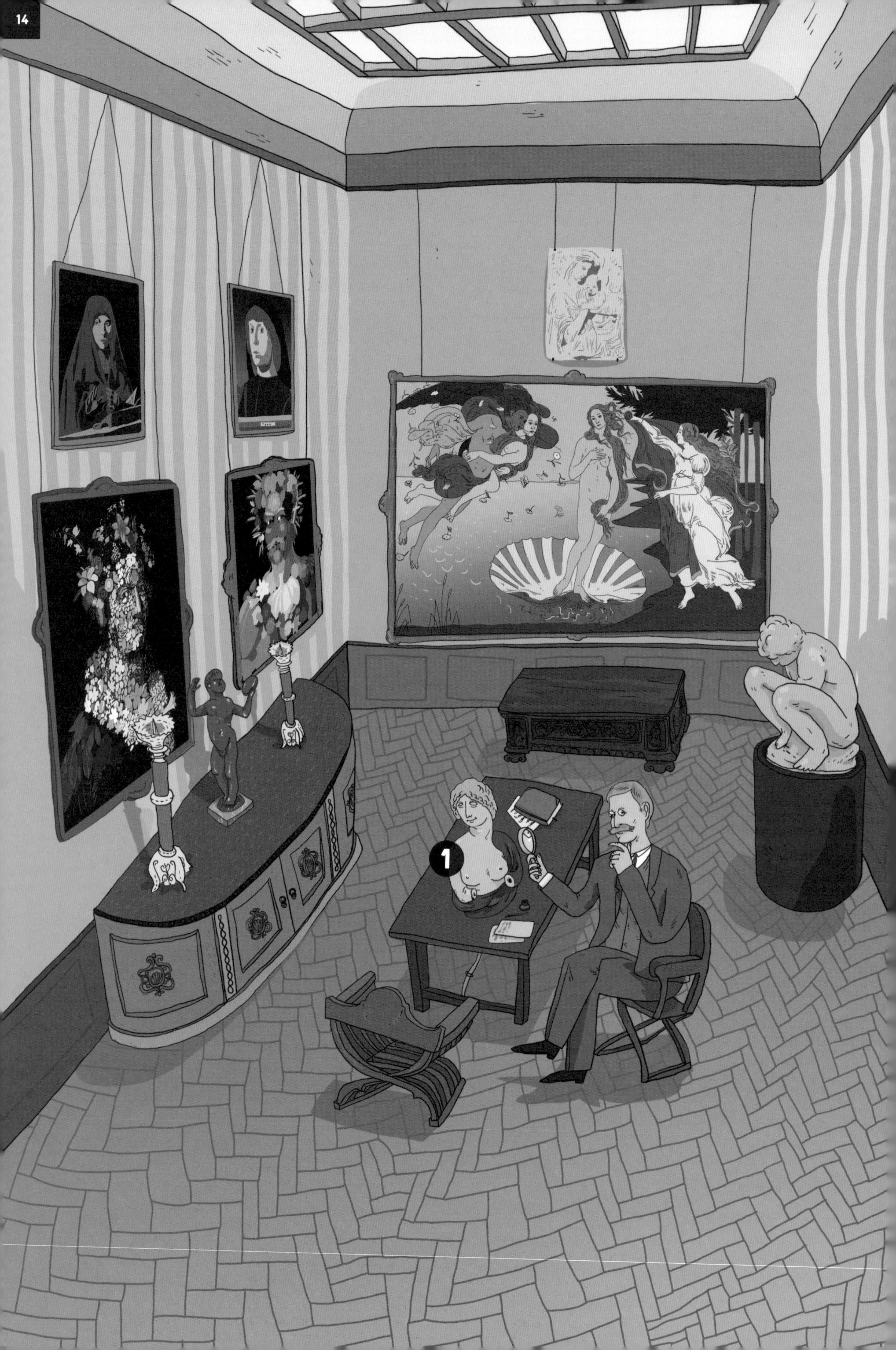
1

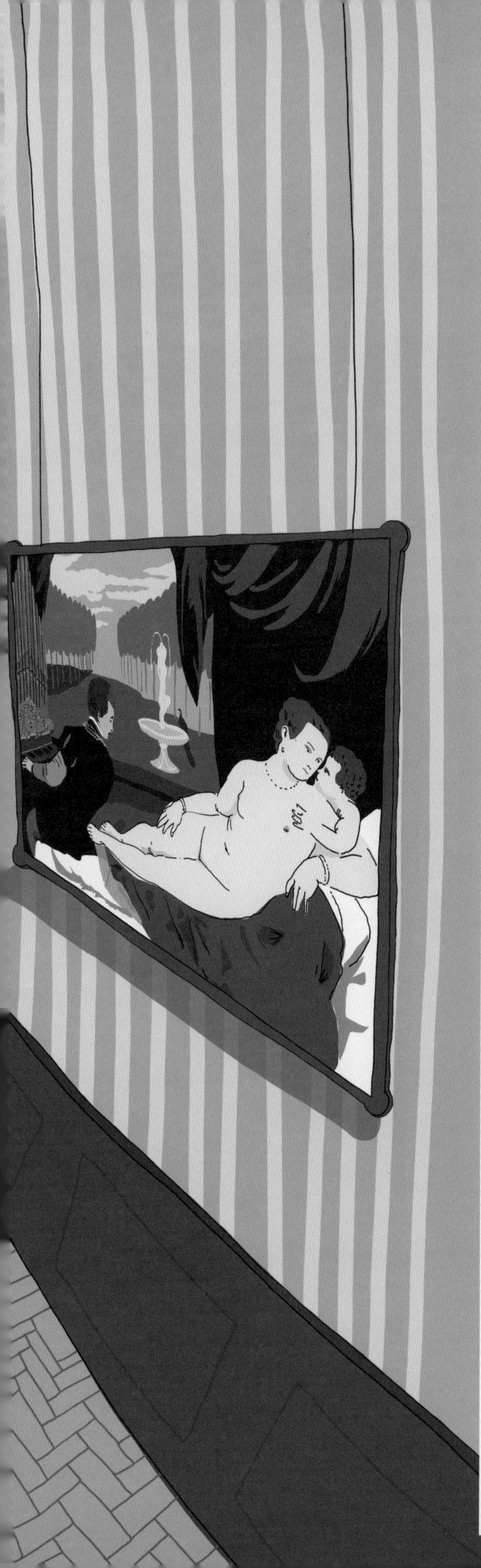

スタイル・ルーム

ドイツ帝国最後の皇帝ヴィルヘルム2世は、完全武《ぶ》装《そう》した軍隊よりも思想のほうが力が強いのを知っていました。それゆえ、将校たちに惜《お》しみない俸給《ほうきゅう》を支払《しはら》うだけではなく、教育や文化の支援《しえん》にも大金を投じました。

宮廷そしてドイツ帝国の首都はベルリンでしたが、ミュンヘンやドレスデンにはベルリンよりはるかに大きく豪華《ごうか》なコレクションがありました。ヴィルヘルム2世はどうにかこの状況《じょうきょう》を変えたいと思っていました。その仕事をまかされたのは、ベルリンの宮殿の学芸員であり、皇帝と同じ名のヴィルヘルム・フォン・ボーデでした。ずば抜《ぬ》けた教養と能力《のうりょく》の持ち主だったヴィルヘルムが大役を担うことになったのです。ベルリンの美術館のために貴重な作品を数多く入手し、美術館全体の評価を高めました。くわえて、絵画、彫刻、あるいは、その他の芸術作品、たとえば家具やグラス、鏡などを分類せずに時代区分で一緒に展示することを思いつきます。そうやって、〈スタイル・ルーム〉と呼ばれるものができ上がったのです。これによって、芸術家や職人の作品は、それぞれの時代に何らかの美の観念と結びついていることがはっきりしたのでした。

❶ 1910年のこと。ロンドンの骨董屋《こっとうや》めぐりをしていたヴィルヘルム・フォン・ボーデは、《フローラ》という胸像《きょうぞう》を見つけます。有名なルネサンス画家で発明家のレオナルド・ダ・ヴィンチの作によるお宝を、ほんの数ポンドで手に入れたと、ボーデは英国人に対して鼻高々になりました。ですが、その直後、『タイムズ』紙があるニュースを伝えます。ボーデがダ・ヴィンチ作とみなした彫像は、じつは英国の彫刻家リチャード・コックル・ルーカスの手によるものだというのです。さらにルーカスの息子が《フローラ》の頭部の製作過程を明かし、胸像の中にはゴミと古新聞が入っているはずだと言って追い打ちをかけました。それは事実でした。ベルリンのフリードリヒ皇帝博物館でその彫像の台座を外してみたところ、1840年の日付が記された手紙をはじめ、証言通りのものが見つかったのです。とはいえ、ボーデの功績《こうせき》は偉大だったので、フリードリヒ皇帝博物館は、のちにボーデ博物館と改名されました。

抽象の部屋

ハノーファーにある市立美術館は、ヨーロッパのほかのギャラリーと比べても、目立った特徴《とくちょう》はありませんでした。美術品も、古いものから新しいものといった順番で並べられ、展示方法も単調なものでした。ですが、1925年にアレクサンダー・ドルナーが同館の館長に就任《しゅうにん》すると、一変します。

歴史と美術を愛するこの物静かな青年は、美術史の時代ごとに独立したスペースをつくり、壁の色を変えたり、作品を適切《てきせつ》に配置して、それぞれの時代の特性を際《きわ》立《だ》たせたのです。それればかりか、周辺の家や木が展示室の窓《まど》から見えるようにと指示を出しました。歴史的な作品と現代の生活のあいだにある関係を閉ざさないようにするためです。かつて窓は閉《し》められていましたが、ここでは外の景色が見えるようになりました。美術館の変身のきわめつけは、当時もっとも進歩的な美術表現だった抽象芸術を扱った最終展示室。協力を要請《ようせい》されたロシアの前衛芸術家エル・リシツキーが館内につくったのが〈抽象の部屋〉でした。

エル・リシツキーは、可動《かどう》式のパネルを設置し、新しい美術の潮流の独自性《どくじせい》を強調します。来館者がパネルを動かすことで部屋のかたちも変わっていくのです。ある彫像の前には鏡が置かれ、正面だけではなく、反転したかたちも鑑賞できるようになっていました。

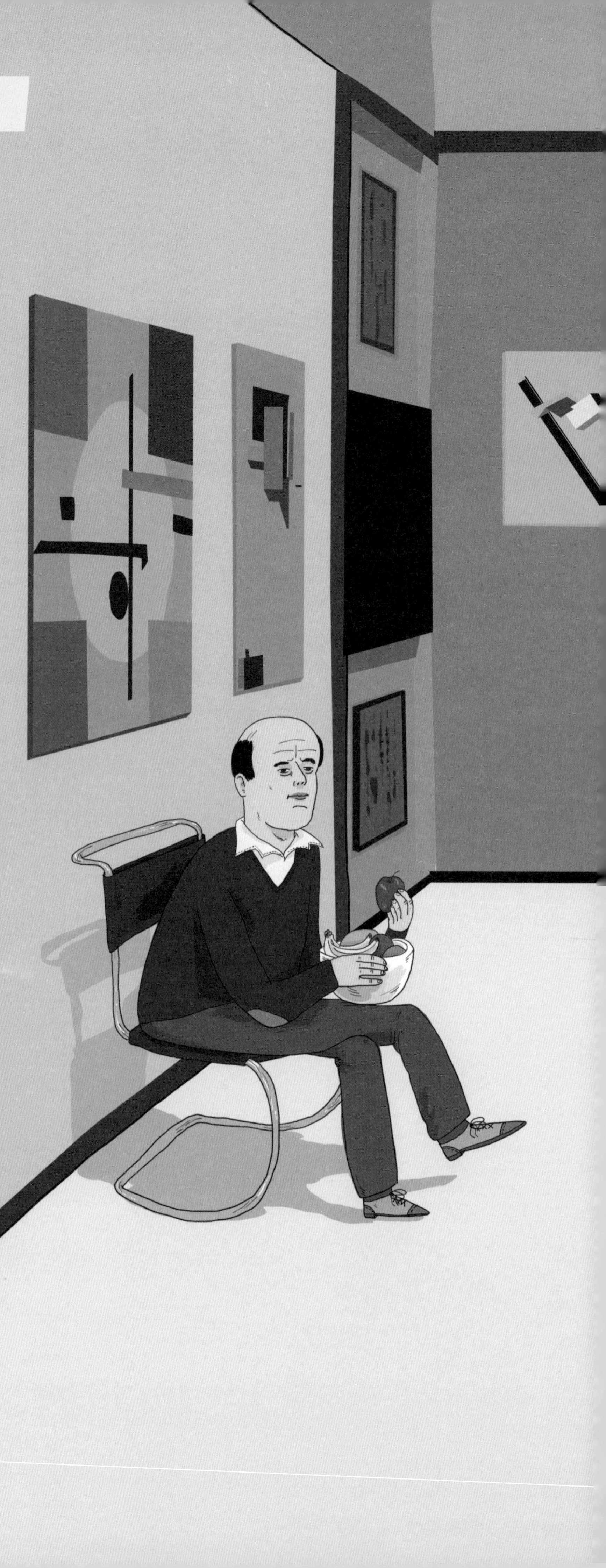

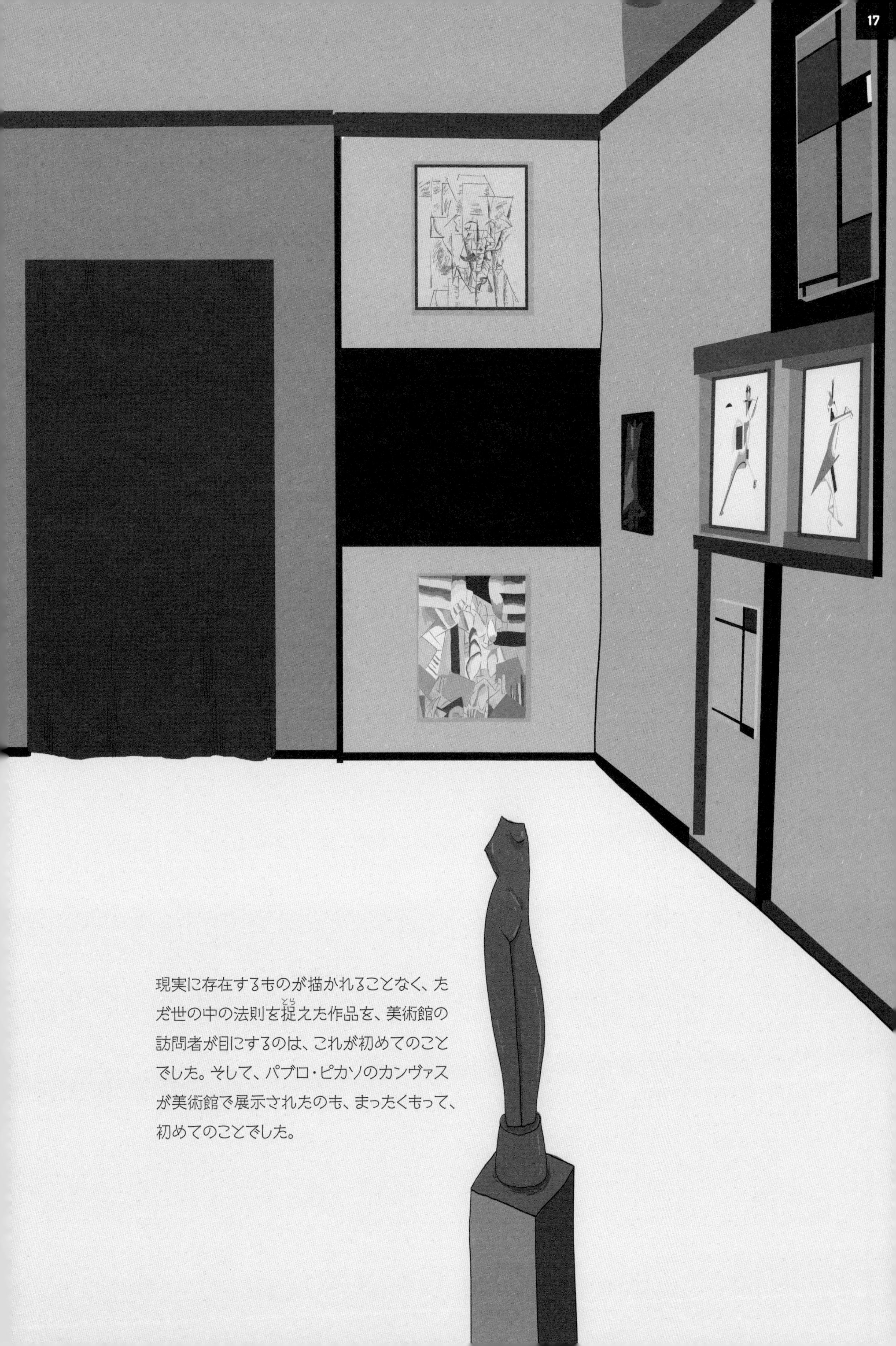

現実に存在するものが描かれることなく、ただ世の中の法則を捉《とら》えた作品を、美術館の訪問者が目にするのは、これが初めてのことでした。そして、パブロ・ピカソのカンヴァスが美術館で展示されたのも、まったくもって、初めてのことでした。

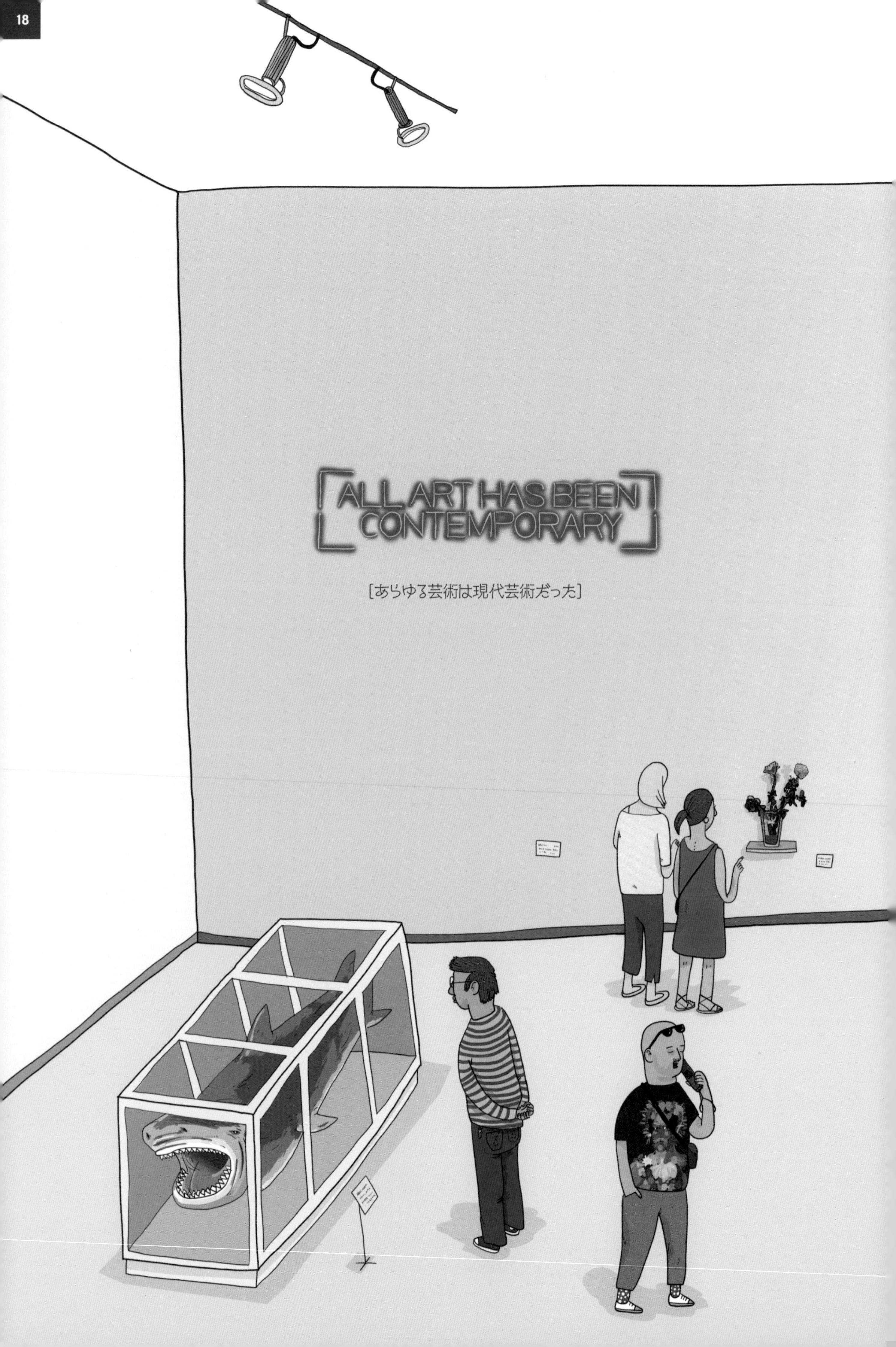
「ALL ART HAS BEEN CONTEMPORARY」
［あらゆる芸術は現代芸術だった］

白い立方体《ホワイト・キューブ》

白い立方体のなかにいるみたい！　今日《こんにち》、美術館を訪れる人は、そう感じているはず。壁ばかりか、床《ゆか》や天井《てんじよう》も、白く塗《ぬ》られていることが多いですね。でも、なぜでしょう？

白い空間にいると、目の前のものにより集中できるようです。美術が変化するのに歩調を合わせて、美術館も変化を重ねてきました。現代のアーティストは、絵画や彫刻だけではなく、映像《えいぞう》、さまざまな素材のオブジェ、ネオンサインなども展示しています。美術館という環境《かんきょう》に置かれると、日常生活で使っているものでさえ特別な何かに変わってしまいます。ベッドをしわくちゃにして、ゴミを放ったらかしにする、これを家でやったら、両親から大目玉をくらうはず。ですが、英国のアーティストのトレイシー・エミンがこれと同じことをやったとき（唯一の違いは、しわだらけの羽毛布団《うもうぶとん》と枕《まくら》のあるベッドを美術館のなかに置いたということ）、それが芸術表現であることを誰も疑《うたが》いませんでした。この違いは、どこにあるのでしょう？　同じものであっても、美術館にあると、別の意味が生じるのです。ベッドを整えるのは誰か、ということには、誰も関心がありません。重要なのは、それを見たときに私たちの心のなかに呼び起こされる効果であり、放ったらかしのベッドが私たちに訴《うった》えるものなのです。こういう体験ができるのは、美術館以外にはありません。

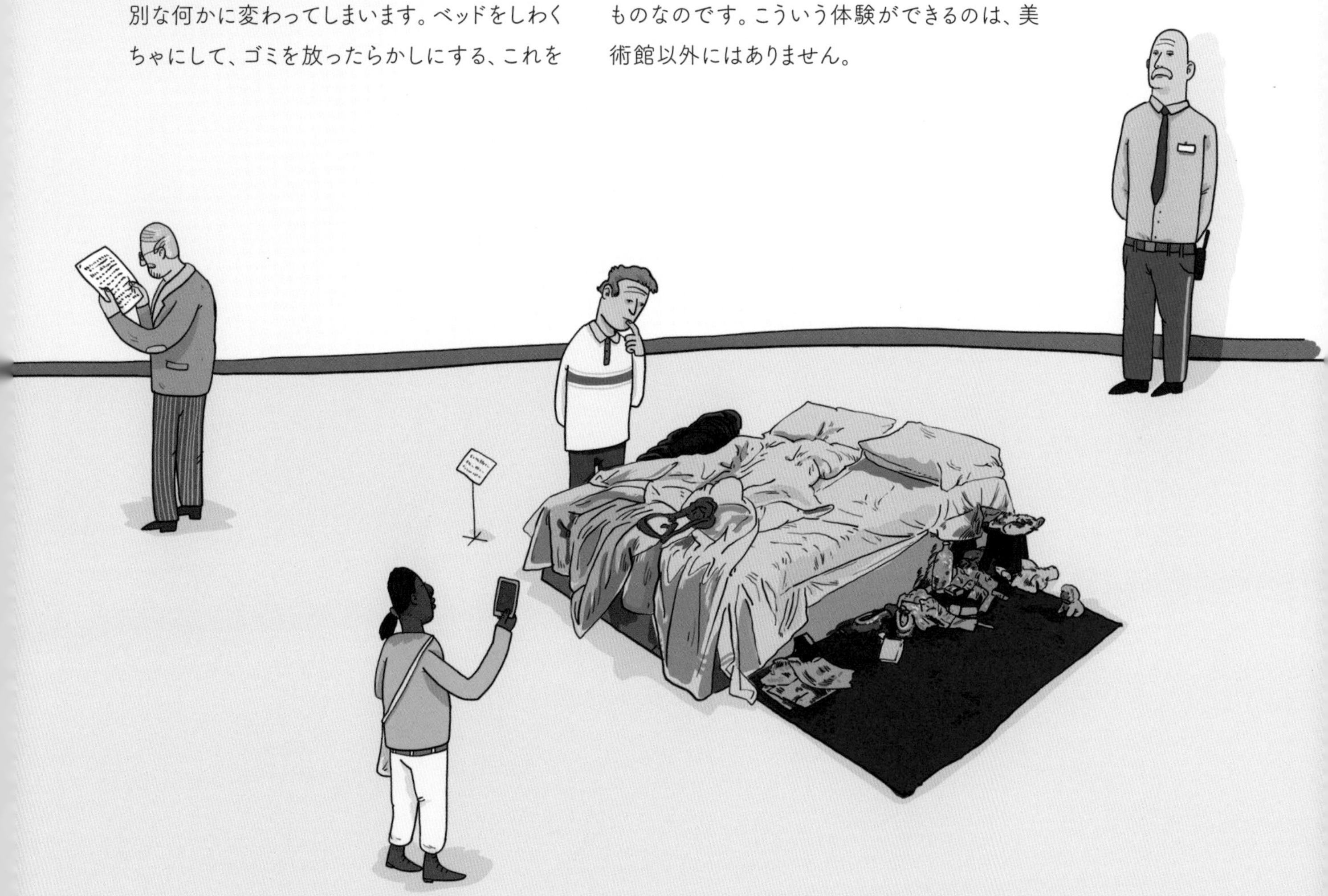

2. 美術館のしごと

アートにあふれる街

ギャラリーや美術館がひとつもない大都市なんてあるでしょうか？　きっとないはず。なんといっても、街に美術館があることは文化的成熟度を表し、貴重な美術品や興味深い展覧会は観光客を引き付けるからです。とはいえ、それは、巨大な建物の大美術館である必要はありません。

人の関心を引く展覧会は、小さいギャラリーでも、旧店舗《きゅうてんぽ》の空きスペース、オフィス、アパートの一室、工場でも、開催できます。有望な若手芸術家を紹介するものもあれば、作品を販売する場合もあります。遠くまで出かけたくなかったら、自分が住んでいる街をじっくり見てみるのもいいでしょう。きっと芸術作品が数多く見つかるはずです。公園や広場にある彫像をよく見てみれば、まぎれもない芸術作品であるのがわかります。なかには、街灯の向きをわざと上に向けたりして、路上にあっても奇をてらう作品もあります。周囲を注意ぶかく観察していれば、歩いているのが楽しくなるはず。そして気づかないうちに、美術館のなかにいるように感じることでしょう。おや、もう入館されたのですね。それでは、一般の来館者には入れない場所をお見せしましょう。さあ、こちらへどうぞ。

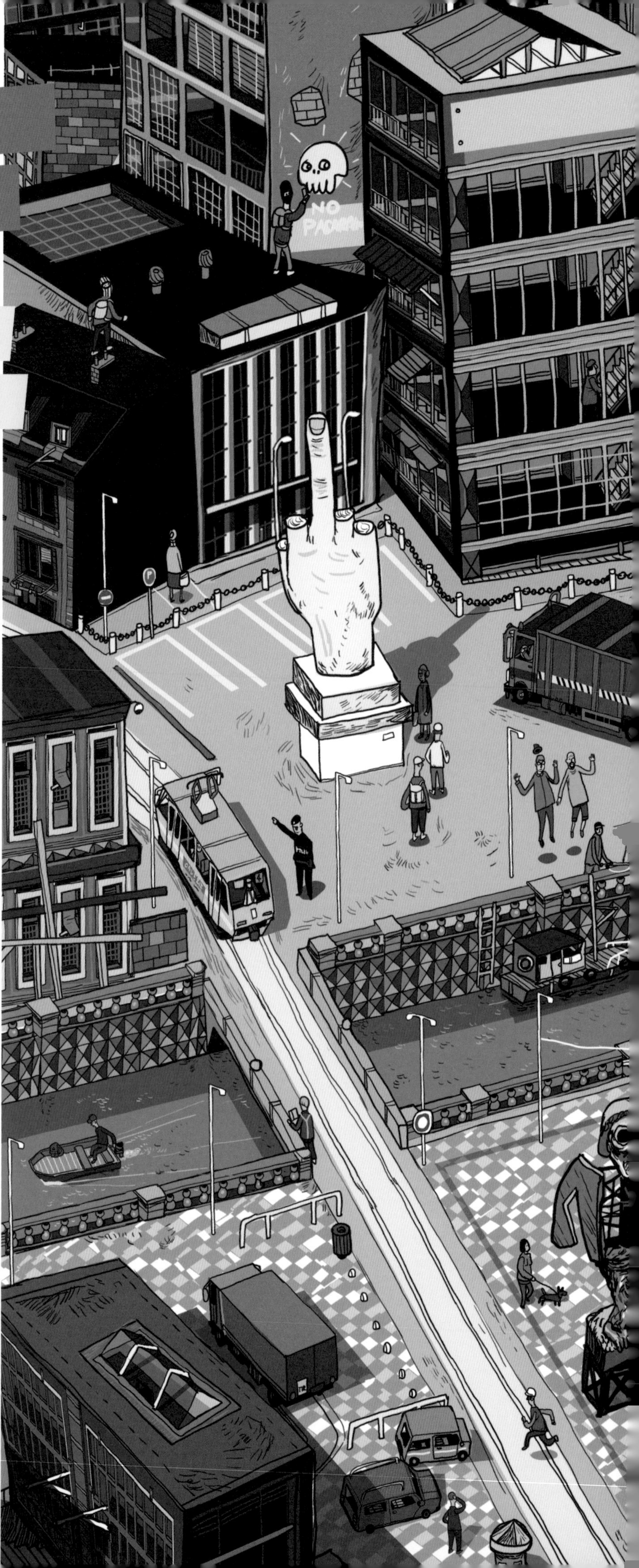

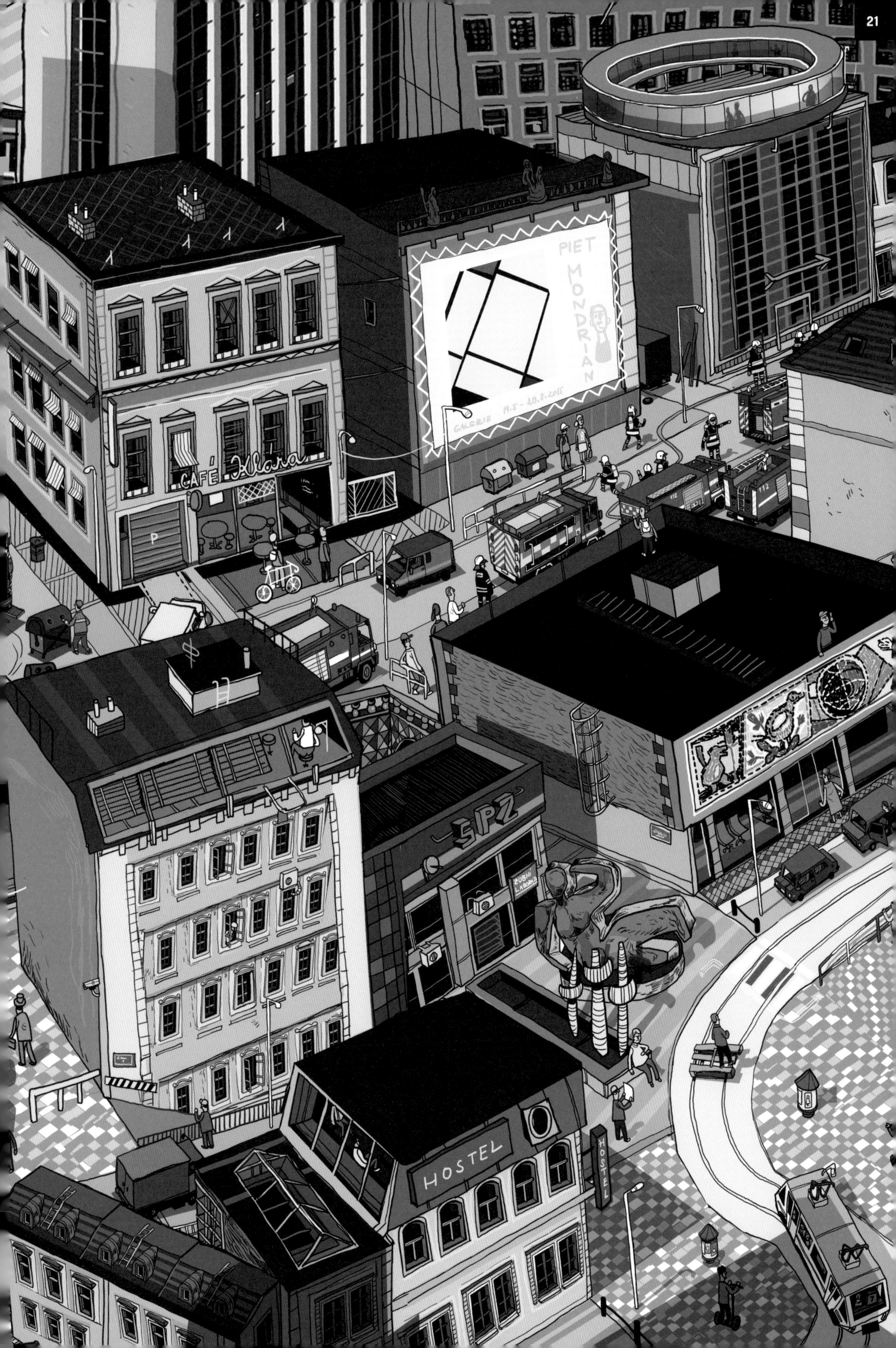
PIET MONDRIAN
GALERIE 19.5 – 20.8.2015
CAFÉ Klára
P
112
SPZ
ZUBNÍ
HOSTEL
HOSTEL

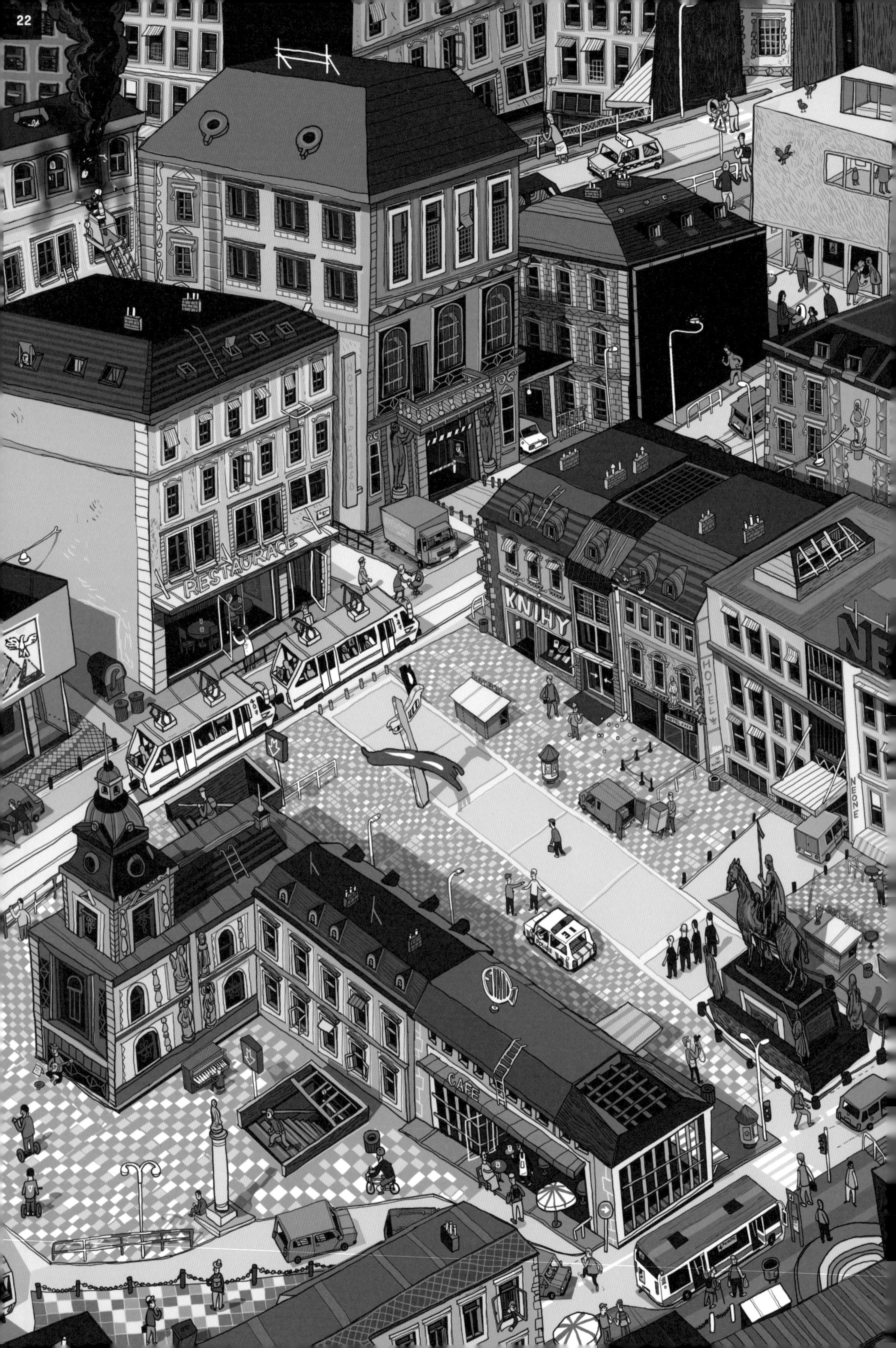
HOTEL PICASSO
RESTAURACE
KNIHY
HOTEL
NEONE
CAFE

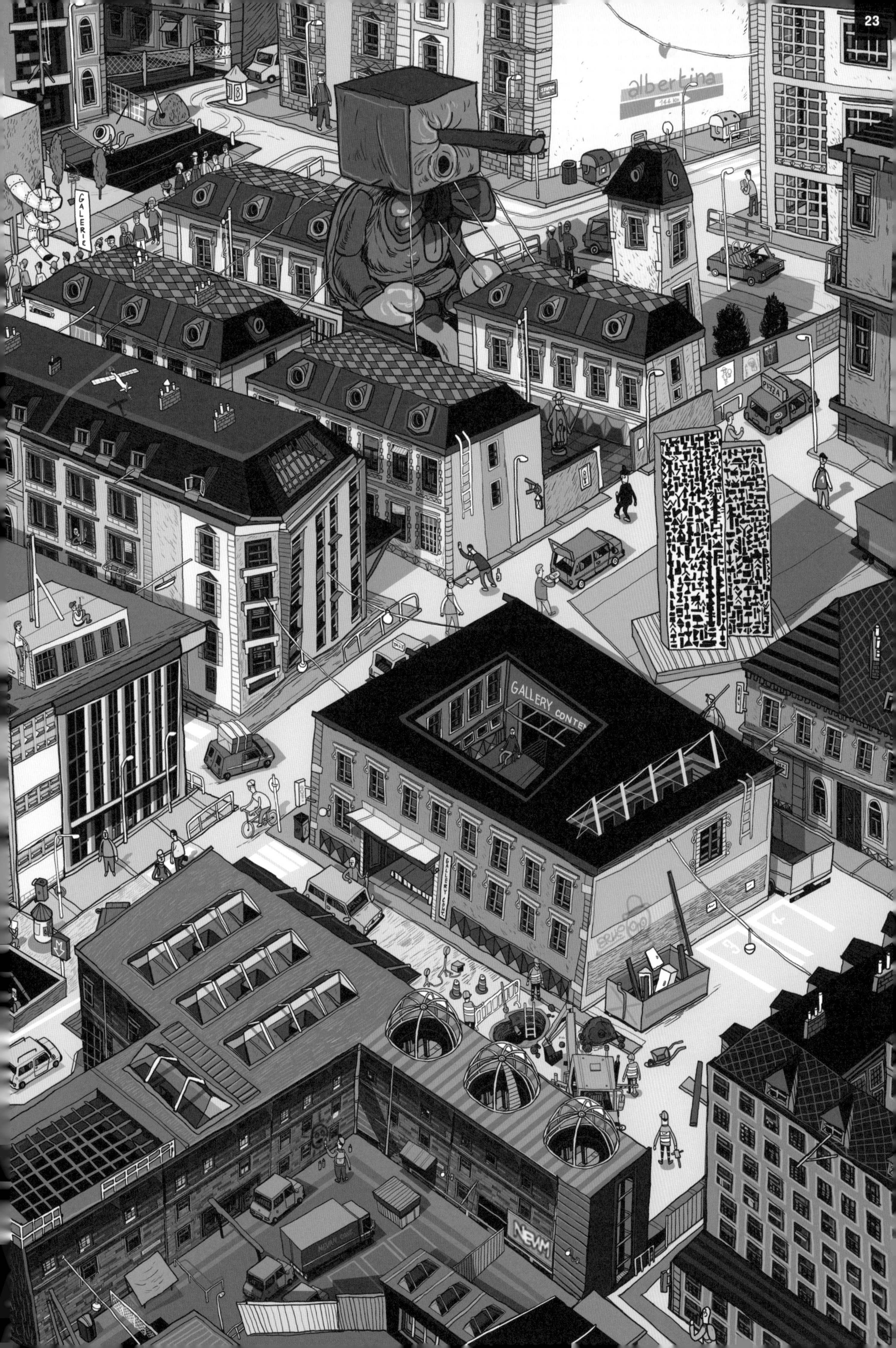
albertina
144 Km
GALERIE
PIZZA
GALLERY CONTEN

どうして美術館に行くの?

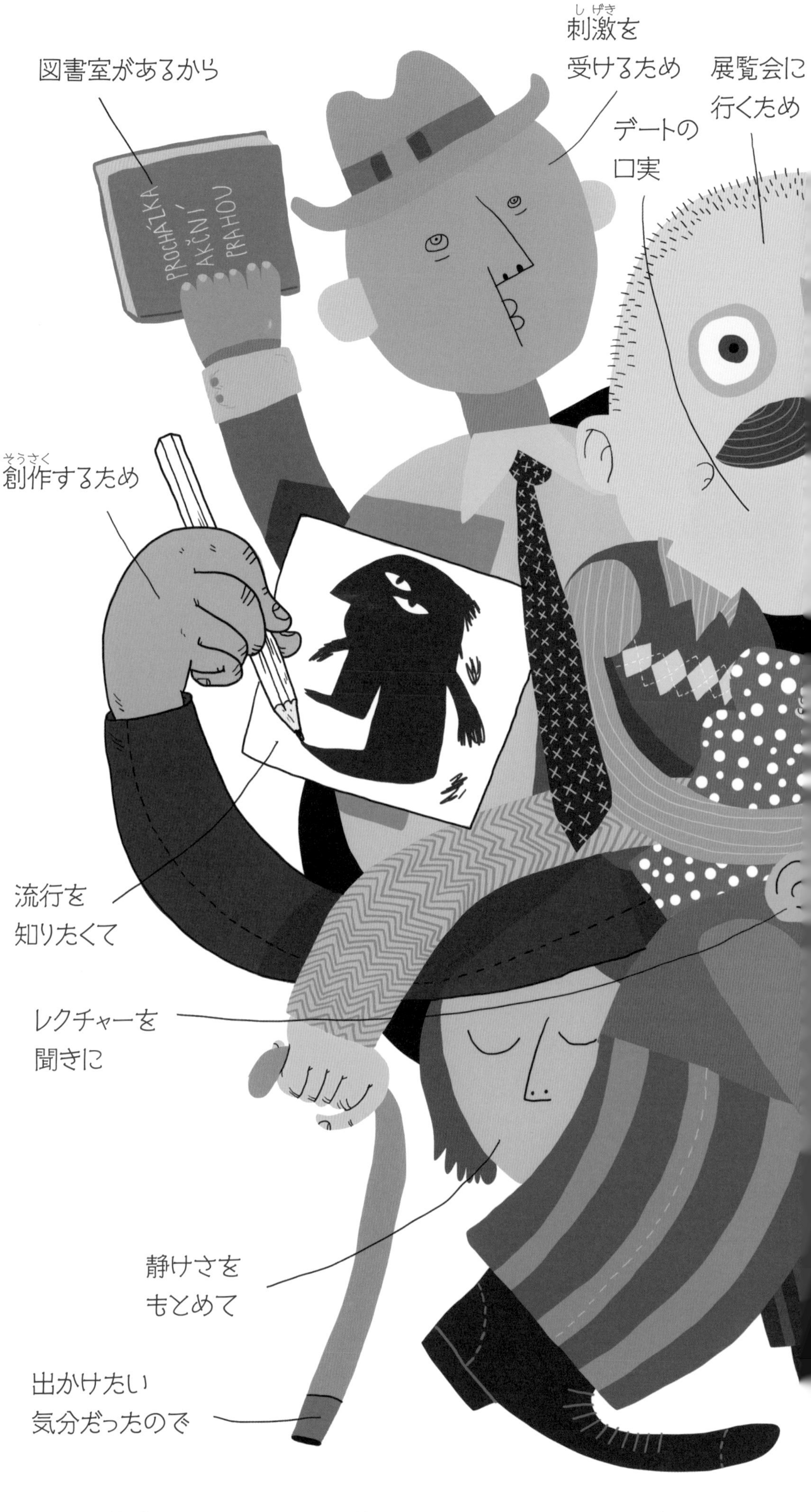

身のまわりの物事に関心がある人、美しいものを求めている人、ふだんとは

どういう人がやってくるの?

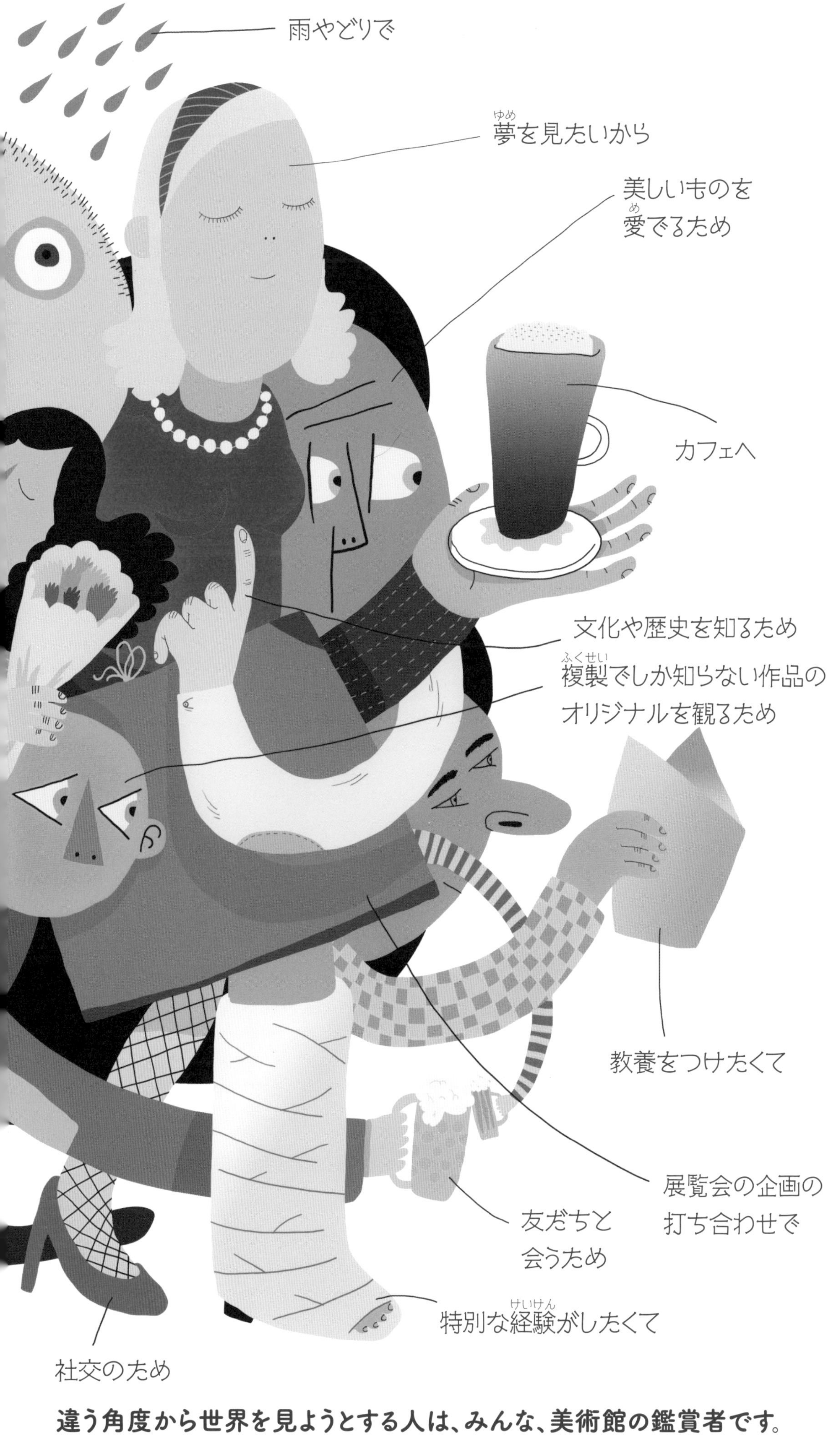

違う角度から世界を見ようとする人は、みんな、美術館の鑑賞者です。

美術館の内側はどうなってる？

平日はまだ大丈夫《だいじょうぶ》。
日曜は大忙し。

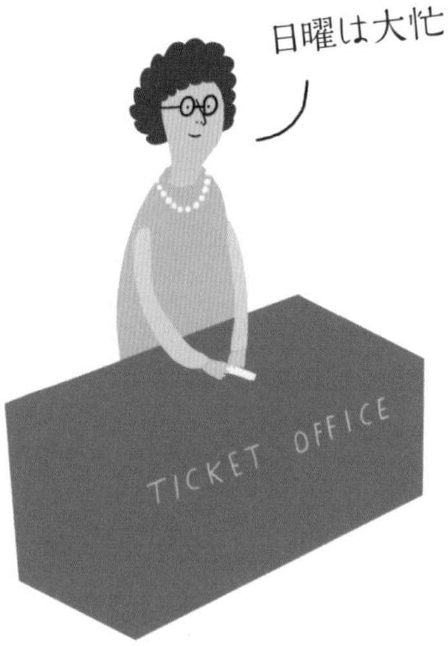

券売《けんばい》係

チケットを売るだけではなく、関連イベントの時間や場所を来館者に教えたりします。

今日はココアが無料だから
こんなに子どもがいるのね。

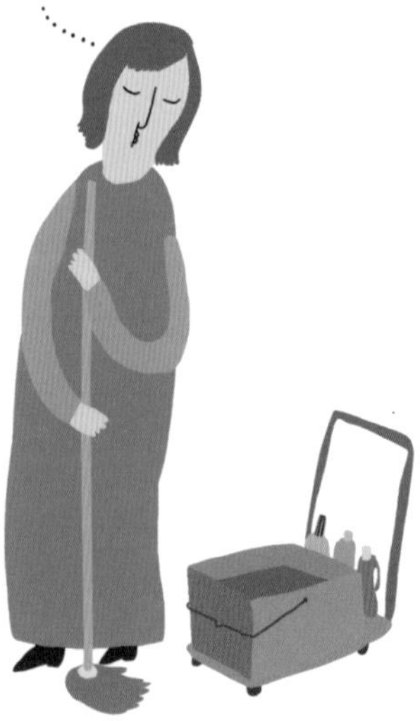

清掃《せいそう》員

ギャラリー・スペースを清潔《せいけつ》にたもつよう心がけています。もちろん、美術品をあやまって傷つけたり、万が一にも捨てたりしないよう注意しながら。

水準器《すいじゅん》は
手放せないね！

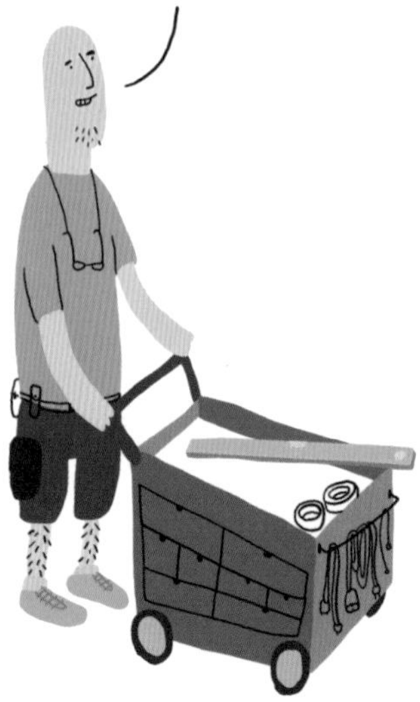

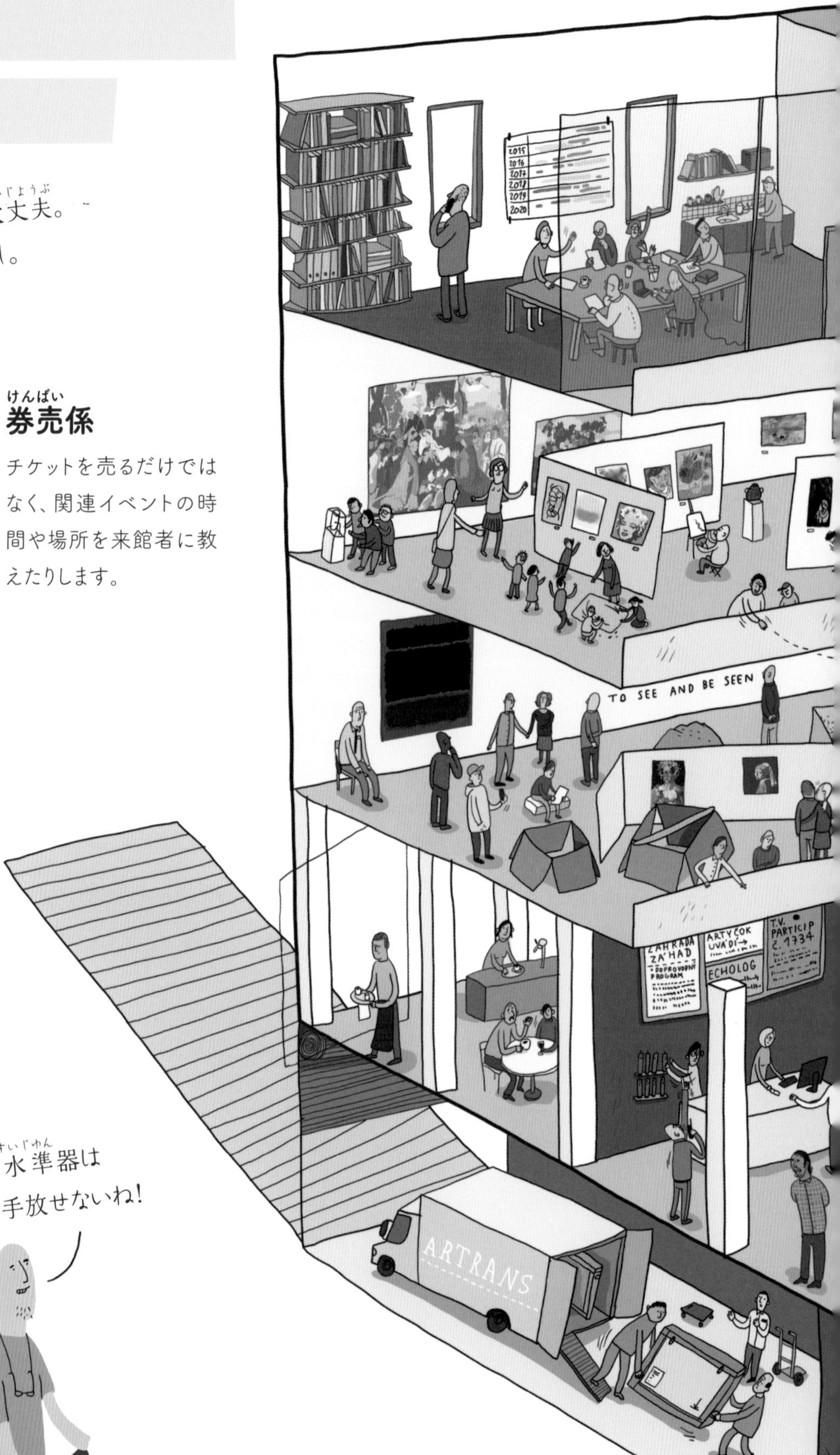

設営担当

学芸員やデザイナーの指示にもとづいて作品を設置・展示します。いちばん大事なのは、作品が落下しないようにすること。

館長

決定に関する責任は、館長が負《お》います。いつ、どんな展覧会を催すかだけでなく、美術館に新しいフロアを増設《ぞうせつ》するかどうか、チケットの値段《ねだん》をいくらにするかも決めなければなりません。

学芸員（キュレーター）

素《す》晴《ば》らしい展覧会のアイデアを持ってきますが、経理《けいり》や制作《せいさく》を悩《なや》ませることもしばしば。館長がいるのが、まだしもの救いといったところでしょうか。

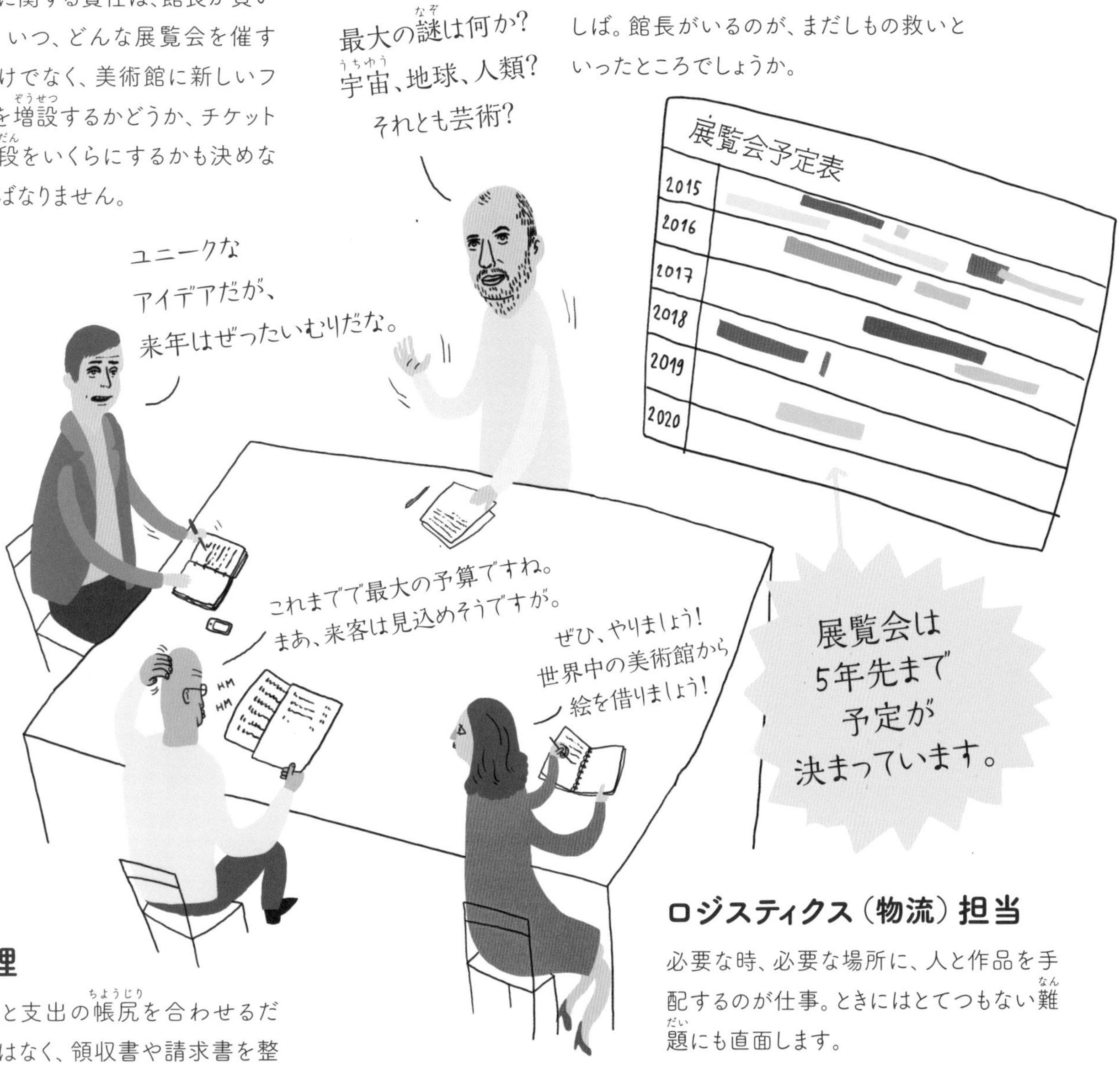

ロジスティクス（物流）担当

必要な時、必要な場所に、人と作品を手配するのが仕事。ときにはとてつもない難《なん》題《だい》にも直面します。

経理

収入と支出の帳尻《ちょうじり》を合わせるだけではなく、領収書や請求書を整理する能力にも長《た》けていなければいけません。

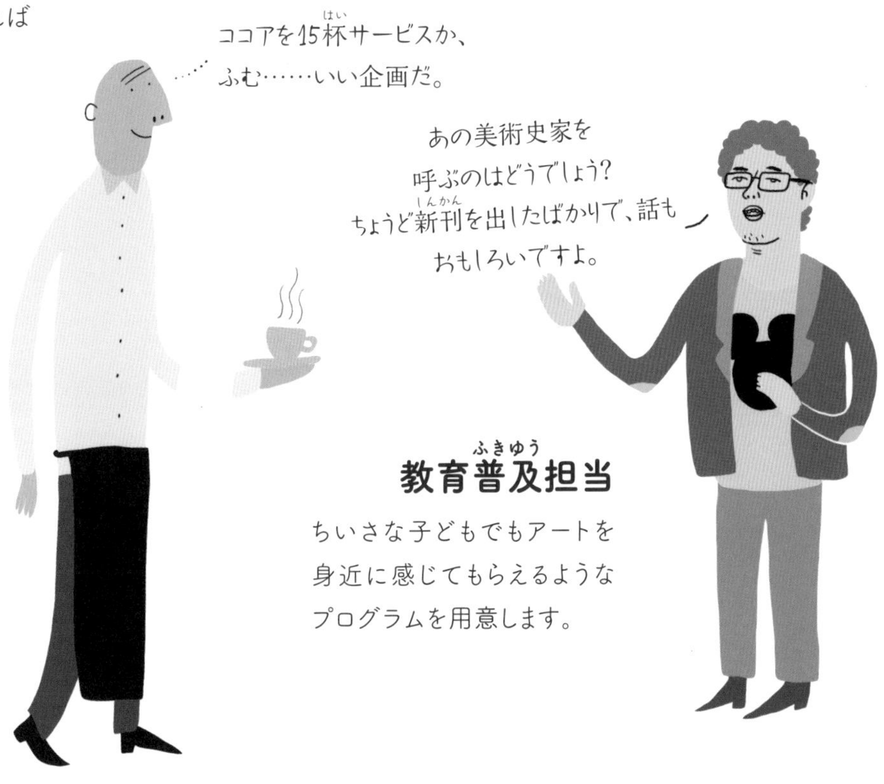

カフェのオーナー

展覧会を見終わったあとに飲むコーヒーほど、おいしいものはないよね。あ、失礼、あなたはココア派？

教育普及《ふきゅう》担当

ちいさな子どもでもアートを身近に感じてもらえるようなプログラムを用意します。

美術館の外側はどうなってる？

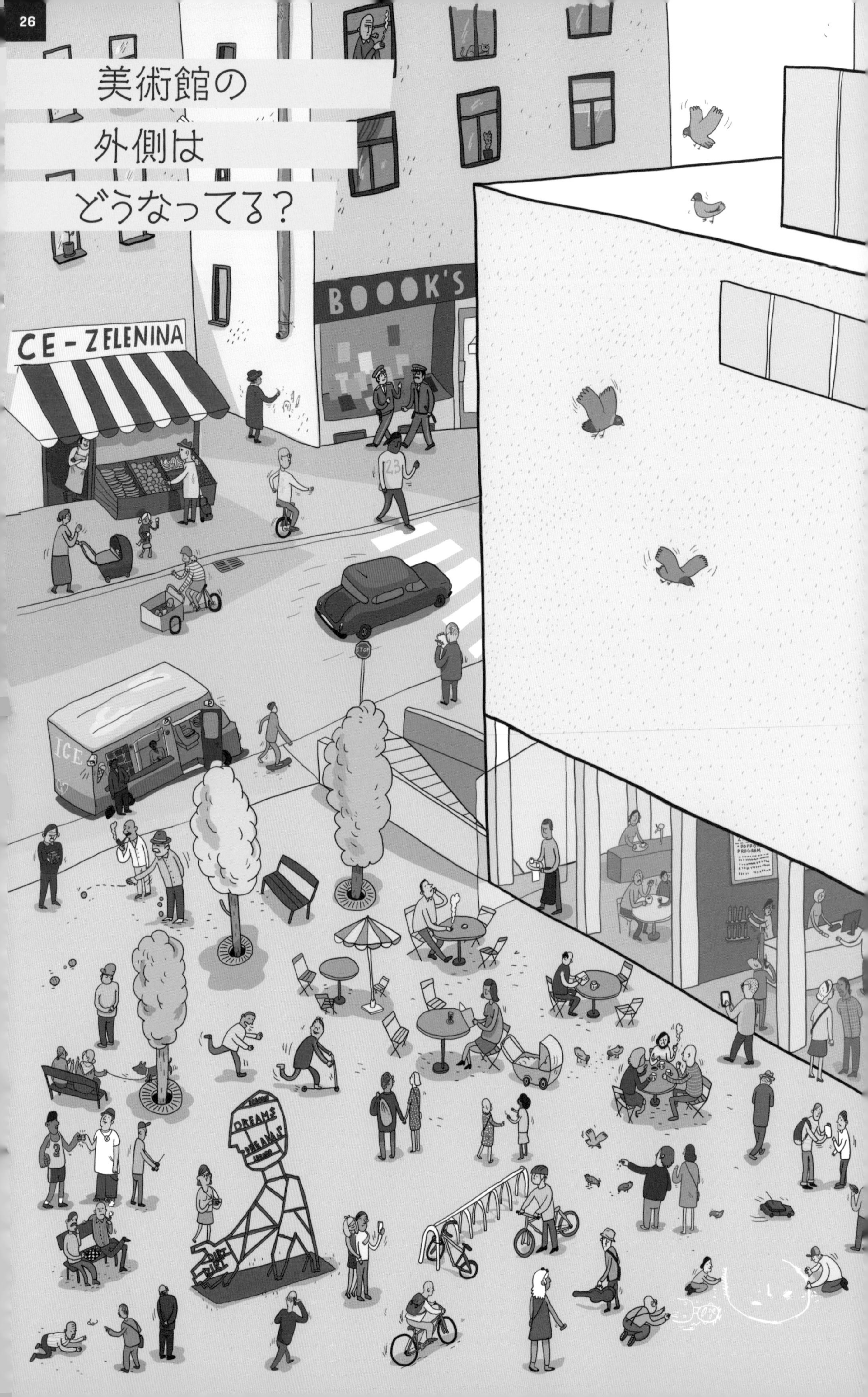

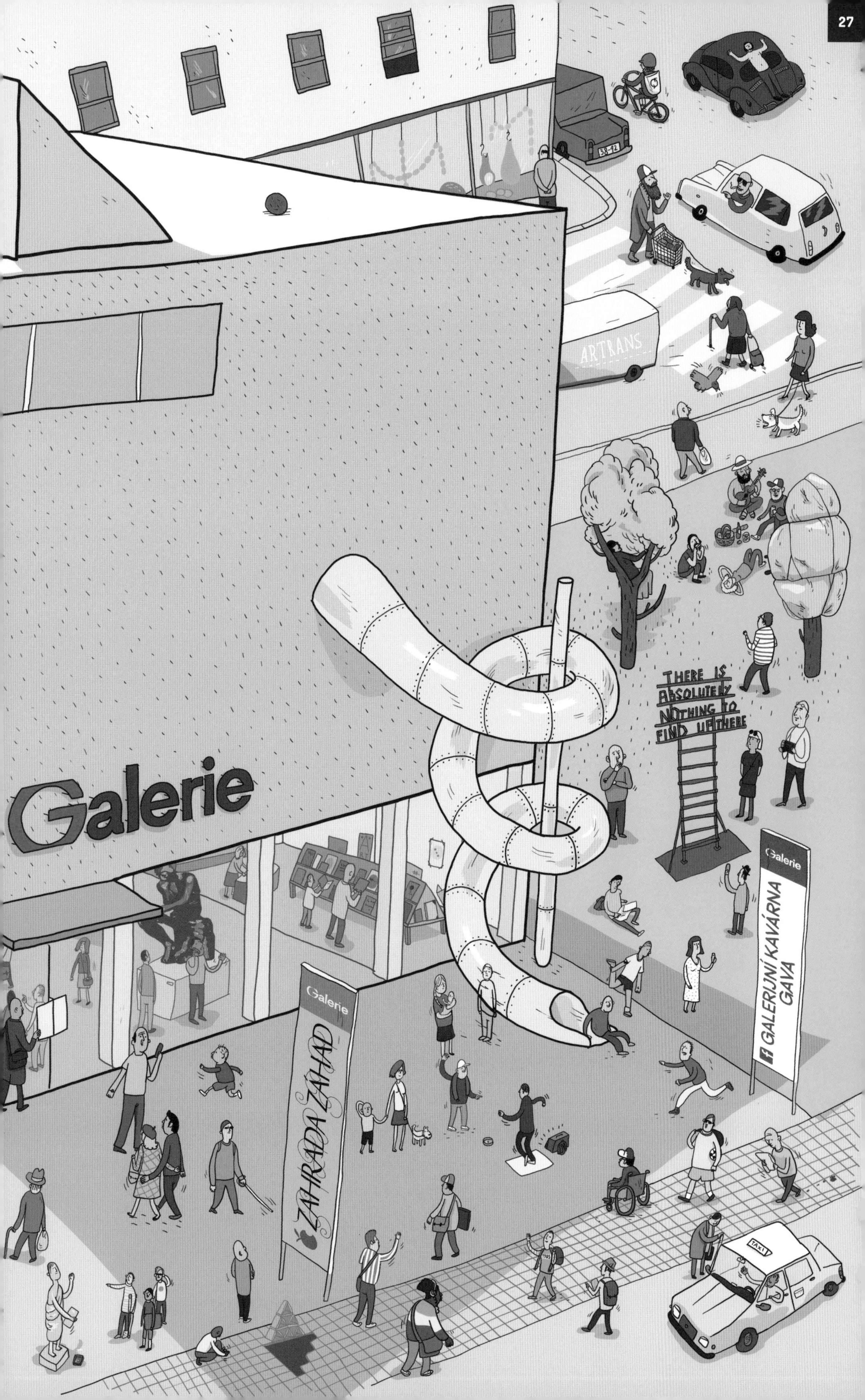
ARTRANS
THERE IS ABSOLUTELY NOTHING TO FIND UP THERE
Galerie
Galerie
ZAHRADA ZÁHAD
Galerie
GALERIJNÍ KAVÁRNA GAVA
TAXI

美術館で働いているのはどんな人？

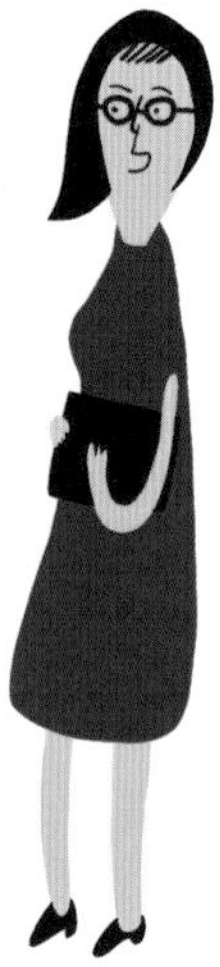

鳩小屋《はとごや》にいい
場所はないか?

広報

美術館や展覧会のことが、TVやラジオ番組で取り上げられ、話題になるように仕事をします。来館者が増えたら、その大半は広報担当のひとのおかげです。

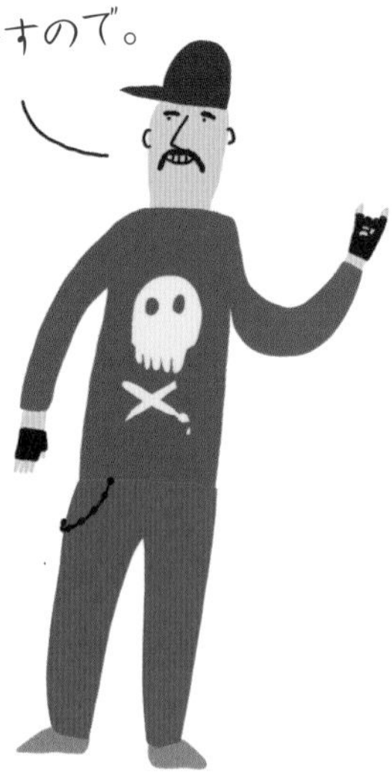

収蔵係

何千もの作品とともに、展示品を収蔵するだけでなく、展覧会の準備で必要になったら、すぐに見つけだします。

だよ、

ね!

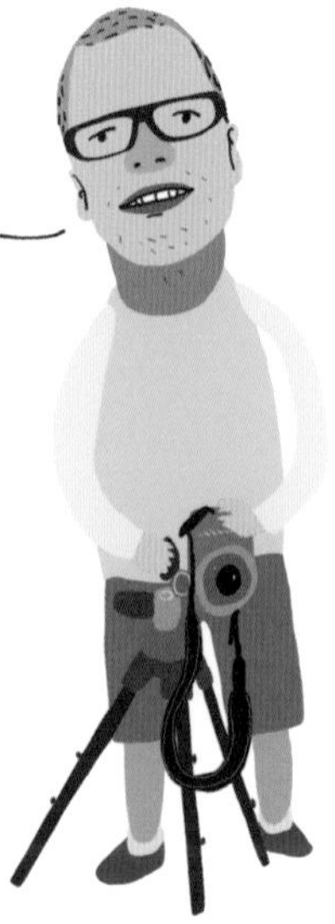

カメラマン

展覧会のオープニングの撮影で大切なのは、なによりも手際のよさ。逆《ぎゃく》に図録用の写真に求められるのはとにかく忍耐《にんたい》力。

看視《かんし》スタッフ

ふだんは人の目にとまることすらありません。腕《うで》時計を見ていることが多いですが、誰かが絵を触ろうとしたり、館内で鬼《おに》ごっこをしようものなら、すぐに注意します。

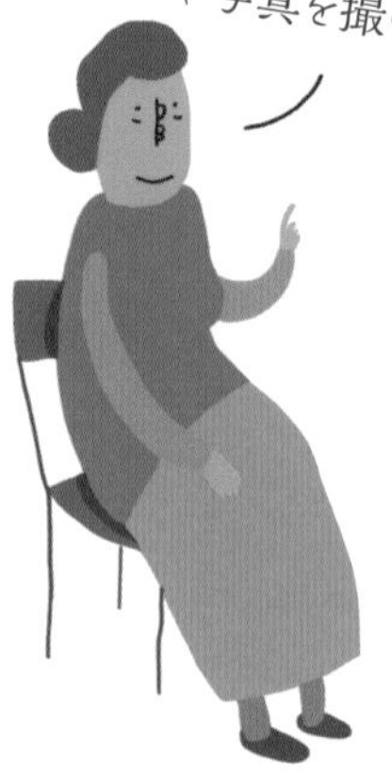

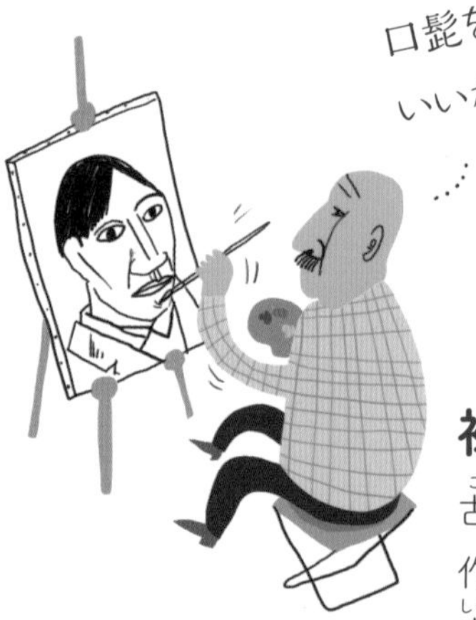

複製画家

古今《ここん》の巨匠に敬意《けいい》を払い、作品を見事に模写《もしゃ》します。素人目《しろうとめ》にはオリジナルとほとんど見分けがつかないほど、かれらの複製画は巧《たく》みなものです。

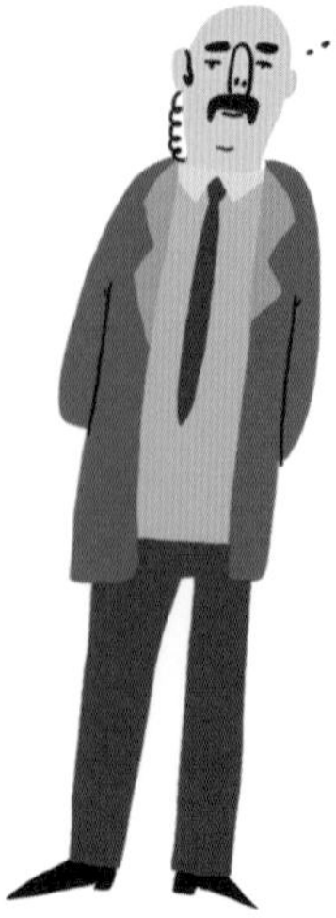

警備《けいび》員、あるいはセキュリティ

モニターはもちろん、怪しい人物からも目を離すことはありません。館内の窃盗《せつとう》、あるいは閉館時の侵入《しんにゅう》を許しません。

用務員

美術館のすみずみまで熟知し、ちゃんと閉まらないドアはどれか、電球が切れている場所、トイレットペーパーの補充《ほじゅう》が必要なところはどこかを知っています。これほどわくわくする仕事は、美術館では他にないかも。

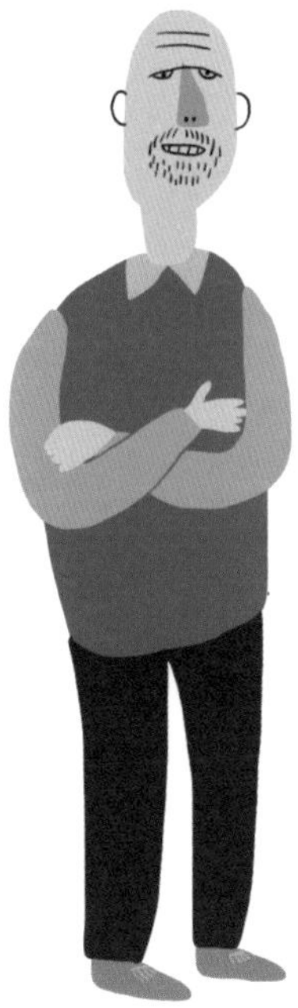

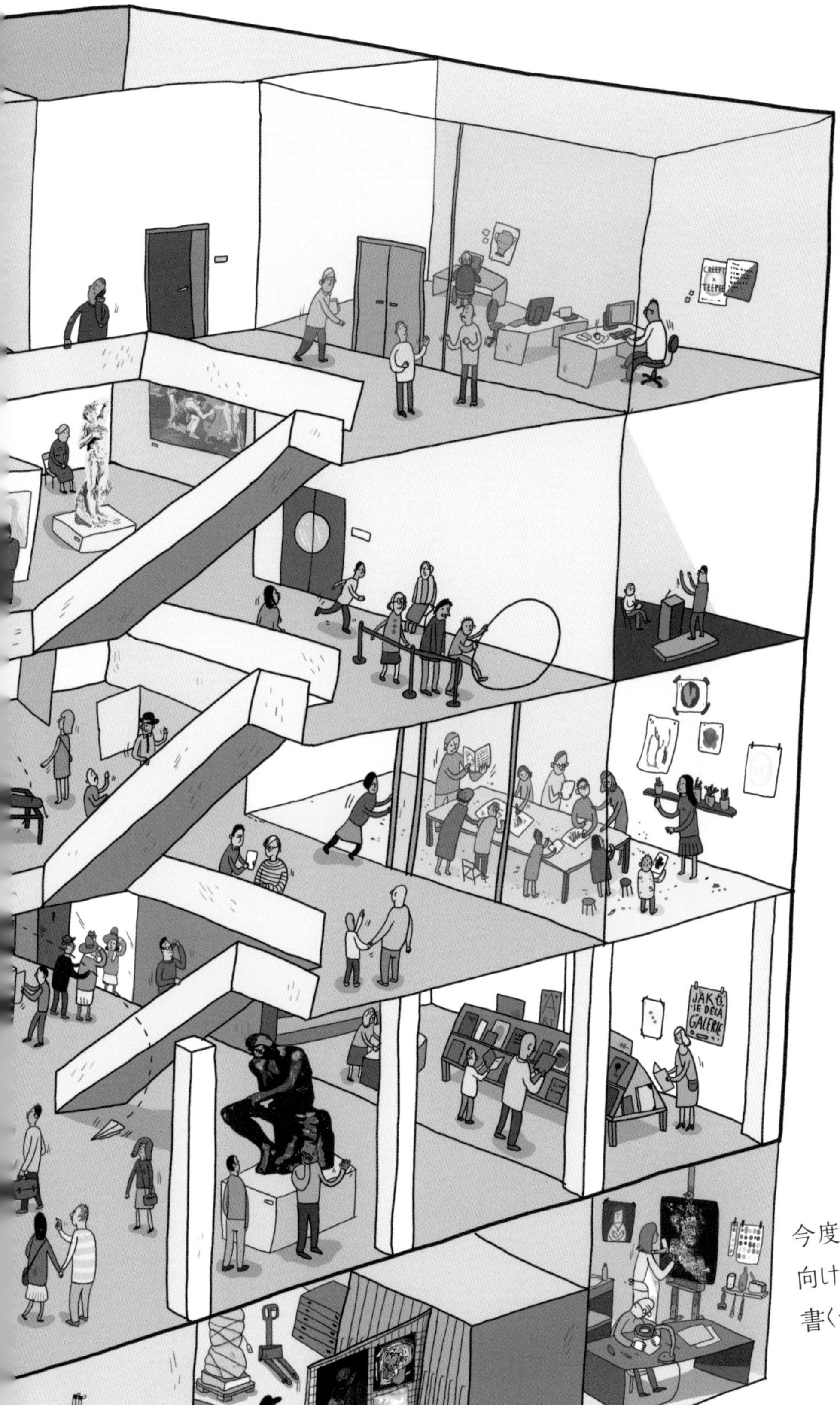

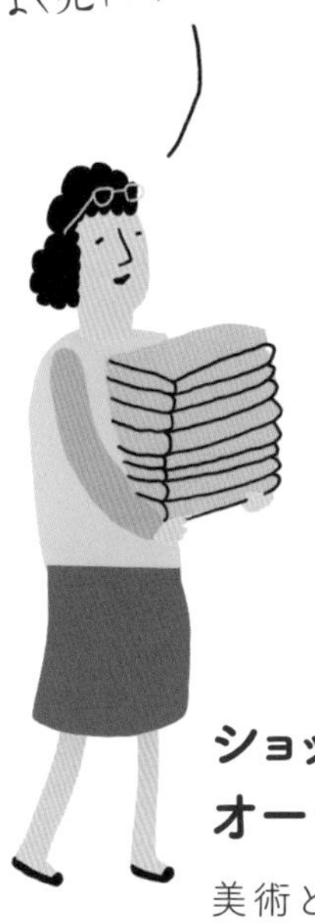

絵の撮影《さつえい》は最高
被写体《ひしゃたい》が
動かないから

ショップのオーナー

美術と本が大好き。入手可能なものはできる限り、ギャラリー・ショップに置くよう手配します。すくなくとも、重要な本はかならず。

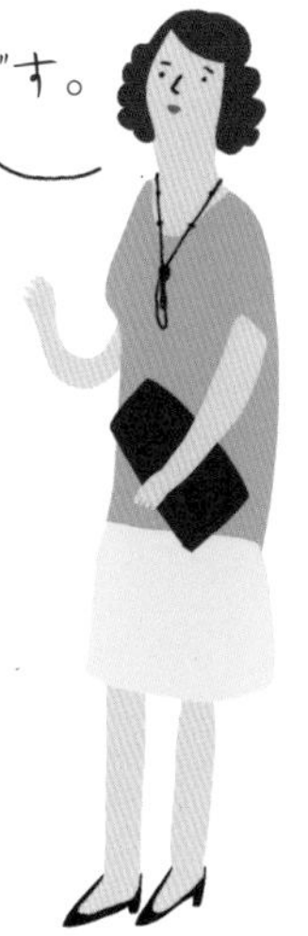

美術史家

美術品や芸術家に関する新たな関係を見いだすべく、学び、研究し、調査し、評価します。そのあと、それをもとに、本を書いたり、展覧会を開いたりします。

美術館には、ほかに何があるの？

美術館は退屈だって？　教育普及の担当者は、そうならないよう工夫をしています。ですが、にぎやかにならないようにします。というのも、美術館では静けさが特別な意味をもっているからです。

静かな空間は、来館者が楽しみにやってきた芸術作品を鑑賞するには不可欠です。図書館と同じで、喧騒《けんそう》から逃《の》がれ、読書に没頭するように、画家がカンヴァスを通して語りかけてくる声に耳を澄《す》ませます。

それでも、ちょっと飽きてきた人のために、美術館はさまざまなイベントを用意しています。ガイドツアー、ワークショップ、アーティストのトーク、講演会、オープニング（展覧会開催を祝うイベント）、それにアート・パフォーマンスやコンサートなど。美術館は、創造的でユニークな人たちを引きつける磁石《じしゃく》そのものであって、かれらと一緒にいれば退屈することはありません。

美術館に足を運び、アートに関心を持ってもらうには、いいアイデアだけではなく、それを実現するスタッフが必要です。だからこそ美術館に教育普及のセクションがあるのです。ここのスタッフは、一日中動き回ることもあります。多種多様なイベントを企画したり、講演を行なったり、ワークショップを開き、おしゃべりな子どもたちや芸術好きな年配の人たちを連れて美術館を案内したりします。

ワークショップ

ワークショップでは、自分の手で何かを生み出す機会を参加者に提供《ていきょう》します。うまくいけば、芸術作品がどうやってできるか、実感できるはず。

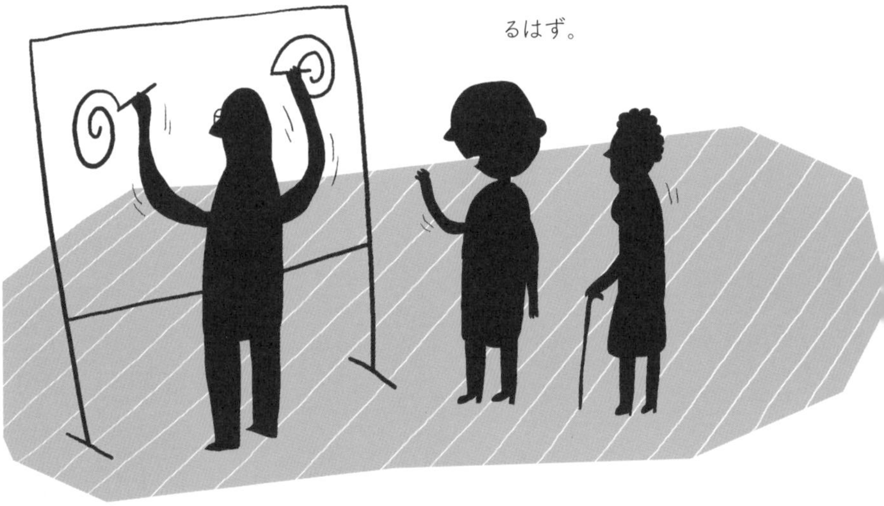

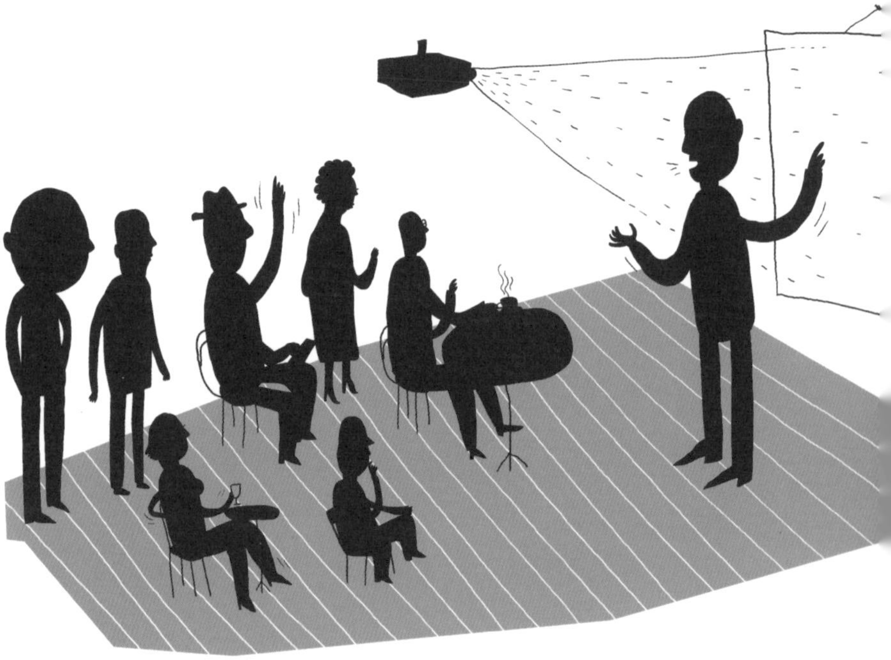

講演

講演会はたいてい快適な雰囲気で行なわれます。コーヒーの香りが漂うなか、人びとは熱心に耳を傾けます。講師をつとめるのは、第一線のクリエイターや、専門家なので、このような機会は、参加者にとって、ちょっとした記念にもなります。

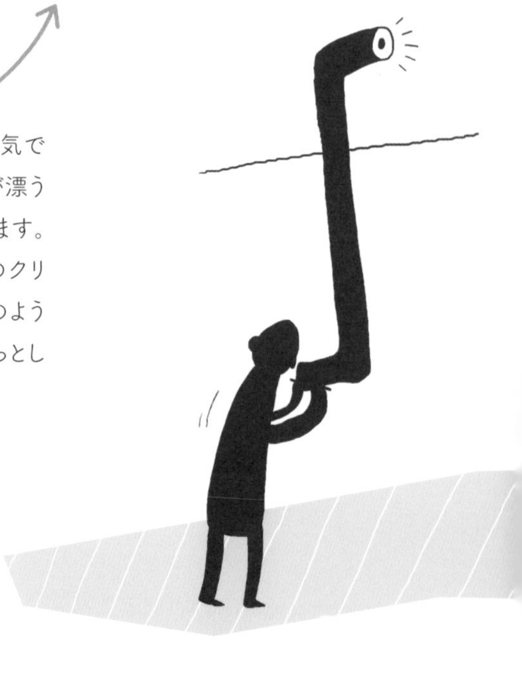

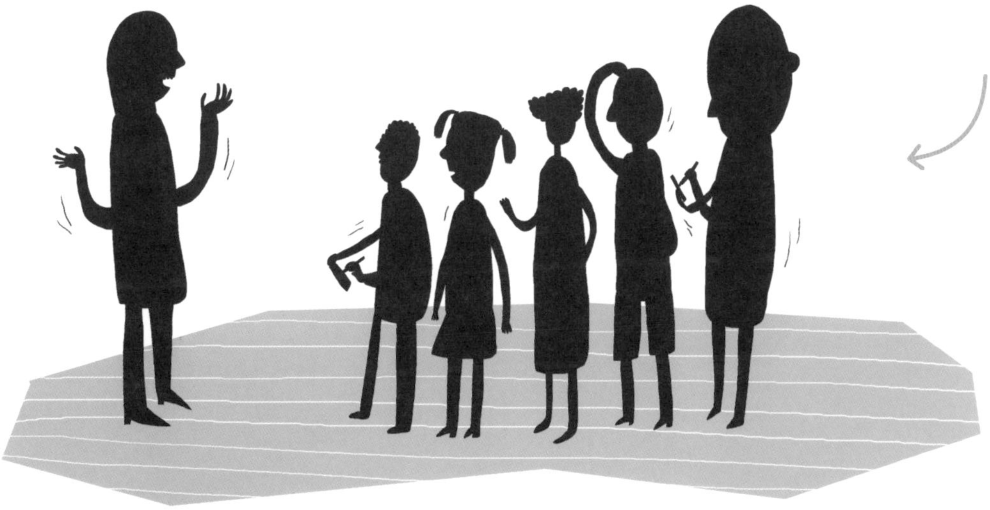

ガイドツアー

会場で作品について直接話を聞くことで、作品鑑賞のヒントがみつかるはず。美術館では、児童、学生、そして一般向けのガイドツアーを数多く開催しています。

パフォーマンス

美術館は、芸術表現の刺激を与えてくれますが、それはアーティストに限られた話ではありません。あなたも、演劇《えんげき》、ダンス、音楽を組み合わせたパフォーマンスアートに参加できます。

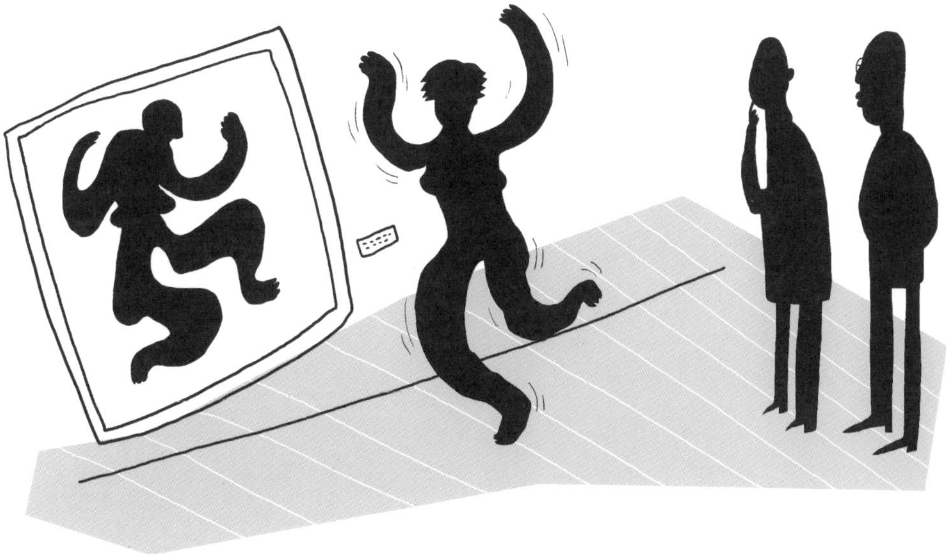

キッズスペース

子どもは、なかなかじっとしていられません。そこで、キッズスペースのある美術館もあります。いろいろなオブジェを動かしたり、スケッチしたり、絵をかいたり、彫像をつくったりできます。

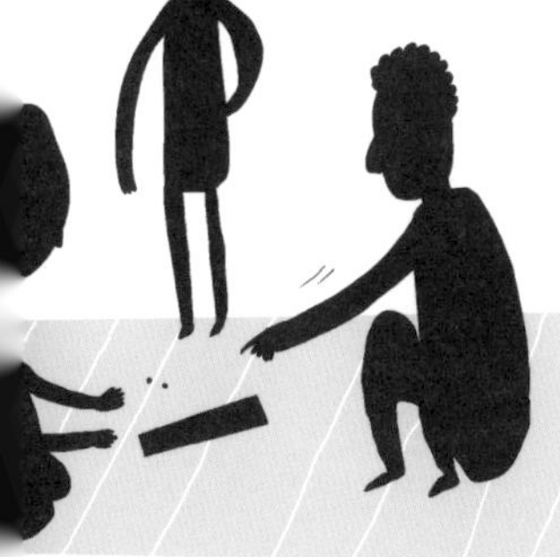

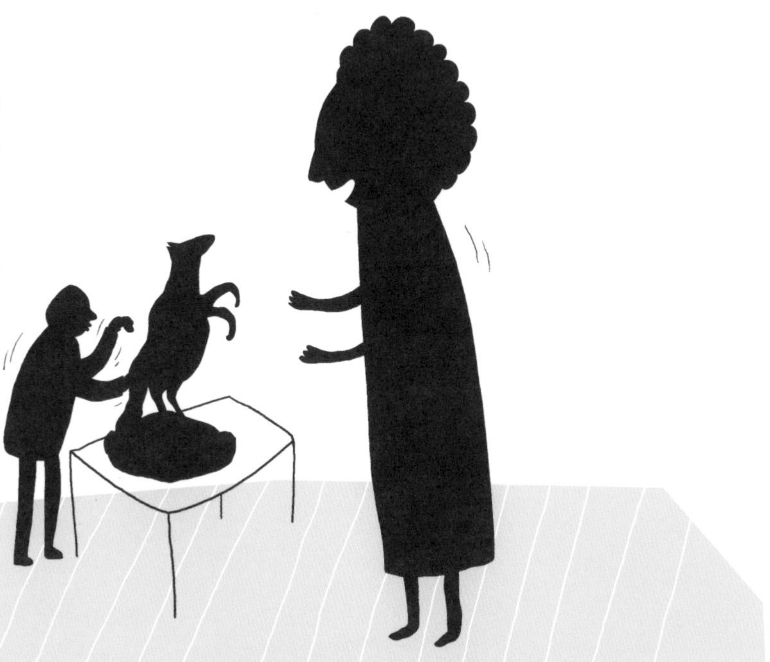

美術館はどうやって作品を守っているの？

モナ・リザ盗難！

世界でもっとも有名な絵は、何でしょう？ そう、イタリア・ルネサンスの画家レオナルド・ダ・ヴィンチによる《モナ・リザ》の肖像画です。でも、昔からそうだったわけではありません。では、《モナ・リザ》の絵が知られるようになった出来事は何か、ご存じですか？ 信じられないかもしれませんが、盗難事件があったからなんです！

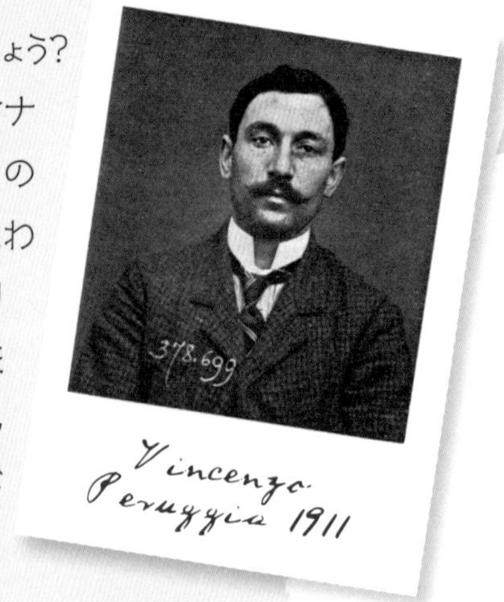

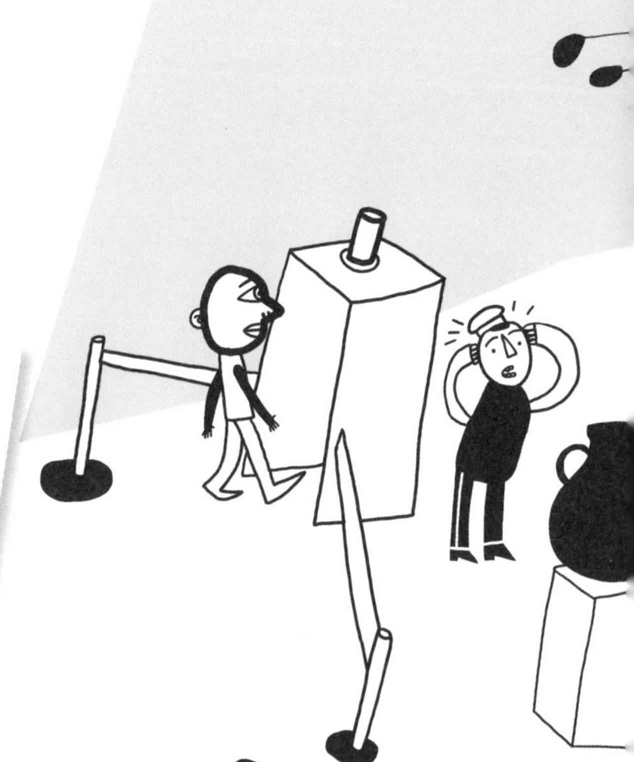

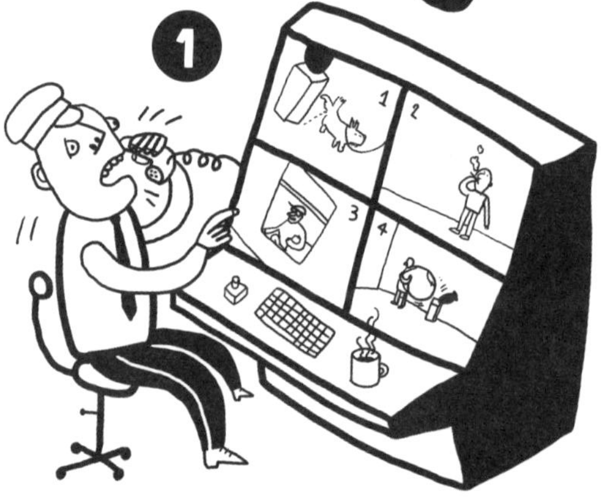

1911年8月のある暑い日のこと。ルーヴルの常連だったある男性が《モナ・リザ》を見にやってきました。この絵をひと目見ようとやってくるほかの人たちと同じように、いくつもの広間を通りぬけて、ようやくサロン・カレにたどり着きました。けれども、絵が掛《か》かっているはずのところには、金属製《きんぞくせい》のくぎが4本、壁から突き出ているだけ。守衛に訊《たず》ねると、カメラマンが撮影で持ち出したのだろうとのこと。盗難の可能性はまったく考えていないようでした。その後、何もない壁面を見た館長が、「モナ・リザが盗《ぬす》まれた！」と叫《さけ》んで、ようやく盗難だとわかったのです。それからのパリといったら、もう大騒ぎ。パリ警察は必死に調べましたが、《モナ・リザ》は跡形もなく消えていたのです。

世界中の新聞はこぞって《モナ・リザ》の写真を掲載《けいさい》し、ダ・ヴィンチと絵のたどった運命を生々しく語るべく、しのぎを削《けず》りました。犯人は誰か、その動機は何か、信頼《しんらい》すべき筋から得たというニュースが次々と報じられました。事件から2年後、フィレンツェの警察からパリ警察に、盗まれた絵が見つかったという知らせがとつぜん届《とど》きました。犯人《はんにん》は、イタリア人塗装《とそう》業者のヴィンチェンツォ・ペルッジャ。取り調べによれば、犯行前日、かれはルーヴルを訪れ、ほうき用の物置に忍《しの》びこんでいたそうです。物置で一夜を過ごし、翌朝《よくあさ》、従業員《じゅうぎょういん》の制服《せいふく》を着て《モナ・リザ》の絵のところに行き、額縁《がくぶち》から絵をはずすと、従業員用の通用口を通って外に出たのでした。その後、アパートにあるスーツケースの二重底の下に絵を隠していたのです。機を見計らって、ペルッジャは、イタリアはフィレンツェにあるウフィーツィ美術館の館長に《モナ・リザ》を売却したいと打診《だしん》します。かの有名な絵を祖国《そこく》に返したかったとのこと。しかし館長は、ペルッジャの愛国主義に心を動かされることはなく、警察に通報し、ヴィンチェンツォ・ペルッジャが逮捕《たいほ》される運びとなったのです。今日にいたるまで《モナ・リザ》の名声に陰《かげ》りがさすことはすこしもなく、逆にその輝《かがや》きは増すばかり。毎年、チェコ共和国の人口（およそ1千万）と同じくらいの人が、この絵を見にやってくるのですから。

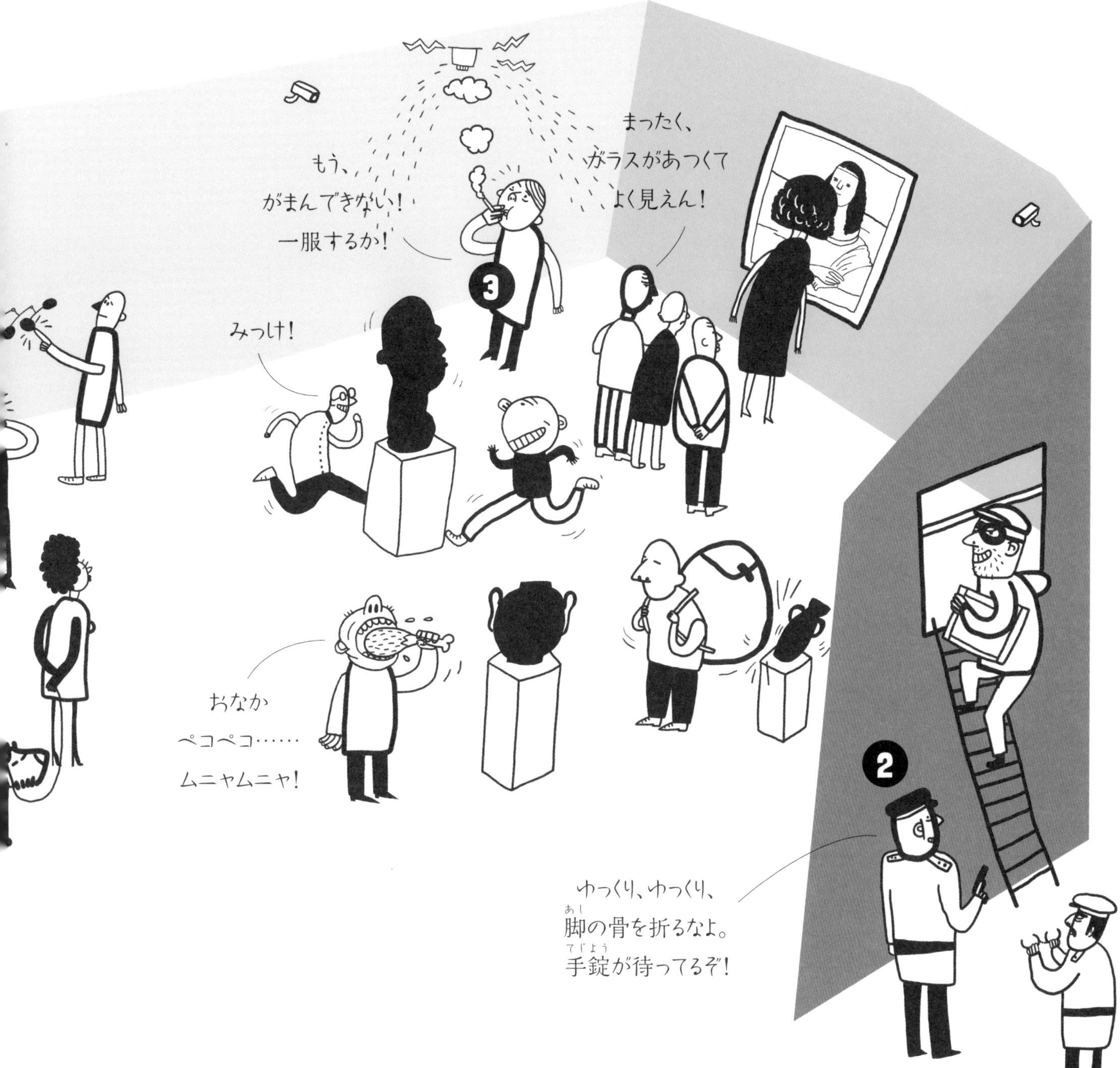

1 大きなギャラリーや美術館では、展示スペースに入るまえに、空港にあるようなセキュリティゲートを通過しなければなりません。警備員が、危険《きけん》物を持っていないか、バッグやリュックの中をチェックします。

展示スペースの看視スタッフは、来館者が作品に触れたり、傷をつけることがないよう目を光らせています。トランシーバーや携帯《けいたい》電話を持っていて、必要があれば、警備室でモニター越《ご》しに美術館内のすべての動きを看視している警備員と連絡《れんらく》を取れるようにしています。泥棒《どろぼう》がいたら、非常ボタンを押して警察に通報します。

2 誰かが美術館で一夜を明かそうとしようものなら、警察が駆《か》けつけます。窓にはセンサーがついているので、誰かが窓を開けたり壊したりすれば、すぐに警報が鳴ります。センサーは展示室にもあり、ナイト・ミュージム・ツアーでもするか、と企《たくら》む人がいようものなら、サイレンを鳴らして警告します。貴重な美術品を移送する際にも、警察が同行することがあります。

3 美術館で火の手があがると、火災センサーが起動し、消火をはじめると同時に消防と警察を呼びます。美術品にとって、水は火と同じく、天敵です。そのため、消火器には、水ではなくてガスの化合物が使われています。

美術館は どうやって作品を 手に入れるの？

購入

購入は、寄贈とならび、美術館が新たに作品を手に入れるもっとも一般的な方法です。学芸員は、まず芸術家本人や作品の所有者と話し合い、次いで弁護士《べんごし》と条件《じょうけん》を交渉《こうしょう》します。最後に、美術館で会議が開かれ、購入が承認《しょうにん》されます。

オークション、あるいは競売

ここでは、誰もが自身のコレクションに加える美術品を入手しようとするため、息をのむような出来事になります。購入を希望する人たち、そしてライバルたちが、手にもっている札を挙げて購入の意志《いし》を示します。札が挙がるたびに、オークションに出品された作品の価格は上がっていきます。美術館を代表して参加するのは、学芸員か館長です。ときには、ポーカーをするときのような作戦が必要になります。

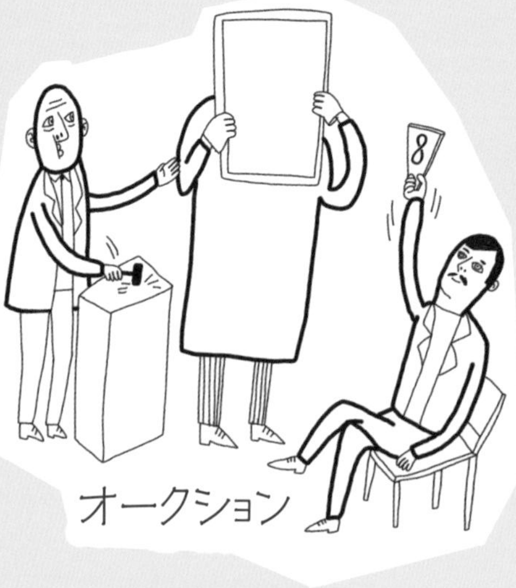

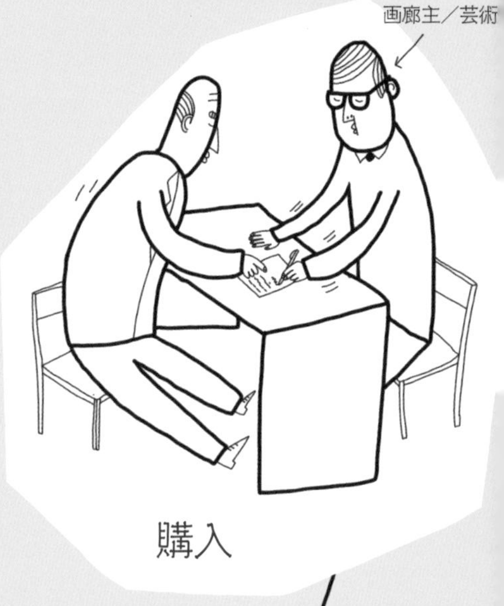

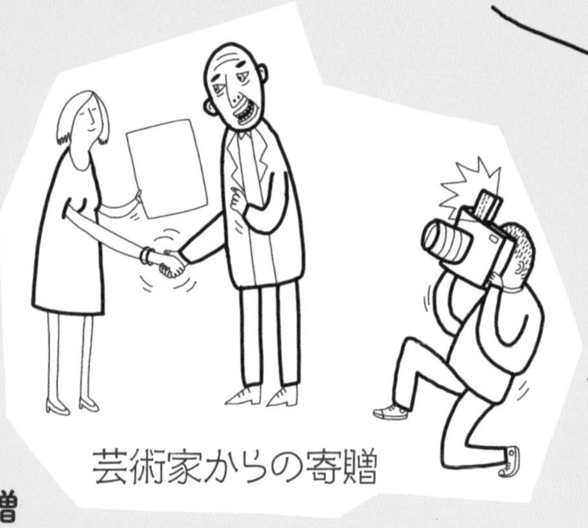

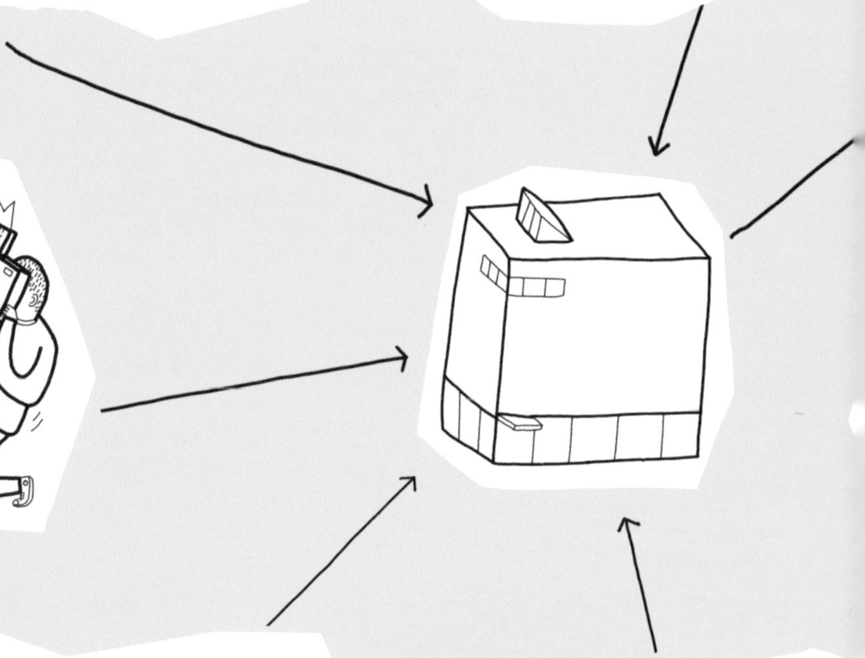

寄贈

寄贈は、コレクションを拡大《かくだい》するうえでもっとも喜ばれるものです。金銭《きんせん》的な負担がほとんど生じないからです。寄贈される美術品が美術館のコレクションに適合するとは限らないので、事前に弁護士と相談したり、理事会での承認を求めることもあります。

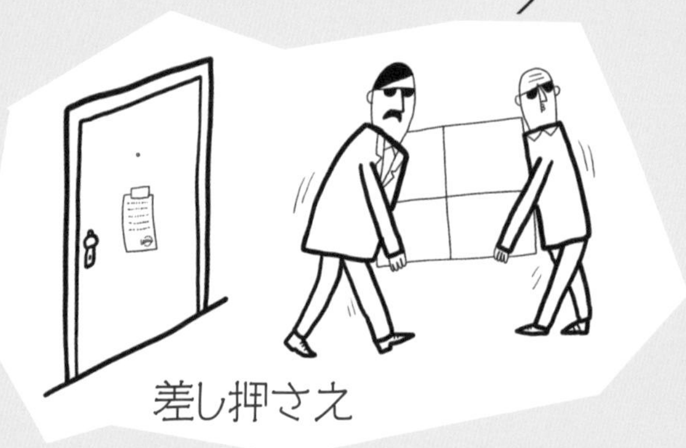

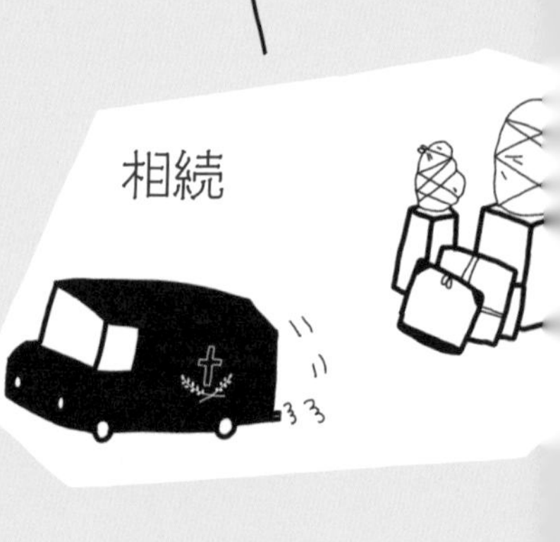

差し押さえ、あるいは押収

今日、美術品が押収されることはほとんどありません。以前は、残念ながら、そうでもありませんでした。第二次世界大戦中にはユダヤ系の人たちから、共産主義の国々では教会から多くの美術品が没収されました。没収されたものは、可能な範囲《はんい》で、本来の所有者やその子孫に戻《もど》されています。これを〈返還《へんかん》〉と言います。

相続

美術館が芸術家の作品を相続することもよくあります。残された作品を引き取る場合に美術館が満たすべき条件を、遺書《いしょ》に記しておく芸術家もいます。そのような条件はクリアできるのか、できたとしても、美術館側はそれを望むのか、よく考慮しなければなりません。

贋作《がんさく》?

美術史家、学芸員、修復家は、本物と偽《いつわ》る模造《もぞう》品を購入しないように、また収蔵品に贋作や模造品がないか、コレクションを検証《けんしょう》する役割も担います。

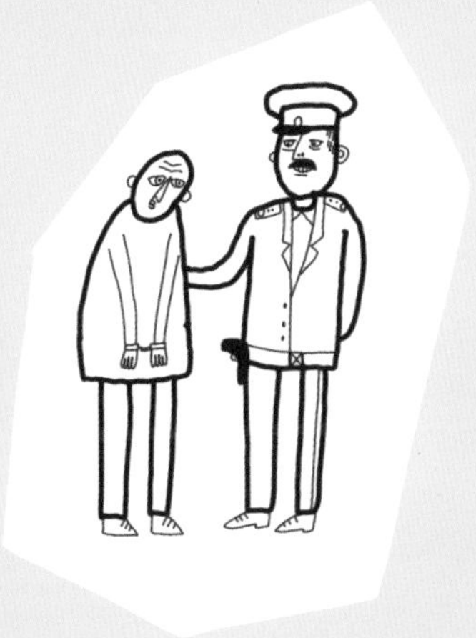

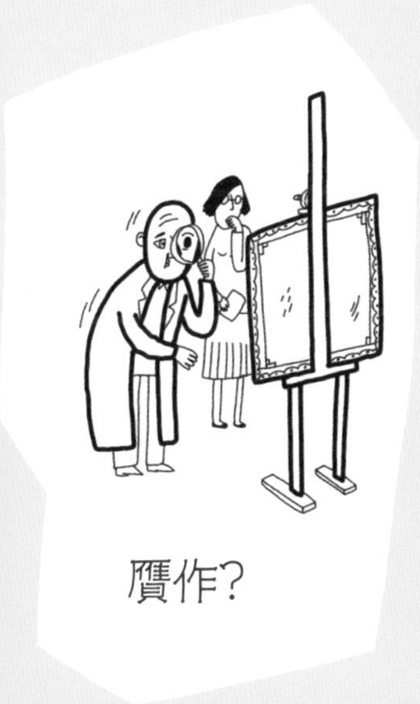

YES

NO

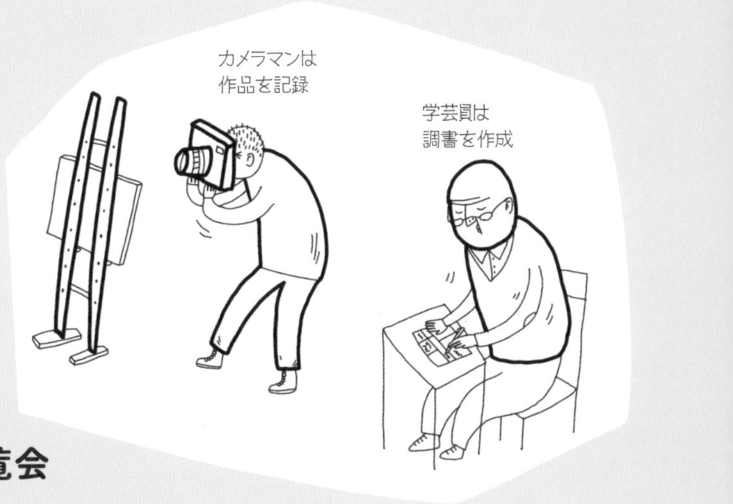

常設展―貸《か》し出し―展覧会

人気のある作品は、収蔵庫から常設展にすぐに向かったり、他の美術館から企画展への貸し出しを求められることもあります。

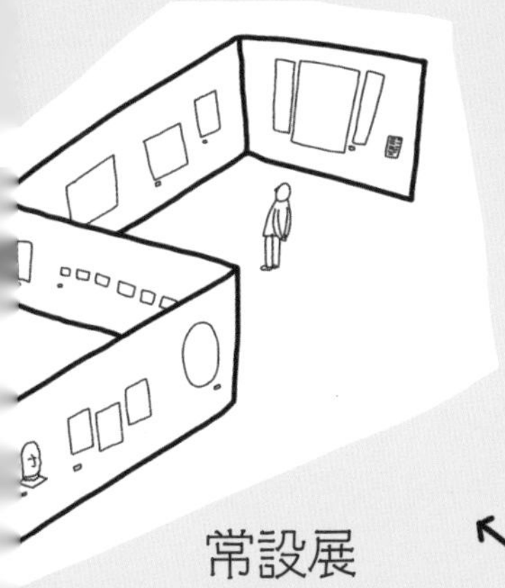

文書化と資料作成

新しい美術品が到着《とうちゃく》すると、学芸員は番号を振り、調書を作成します。調書には、作品の状態、さらに参考すべき修復歴などが記入されます。調書には写真もついています。

収蔵庫

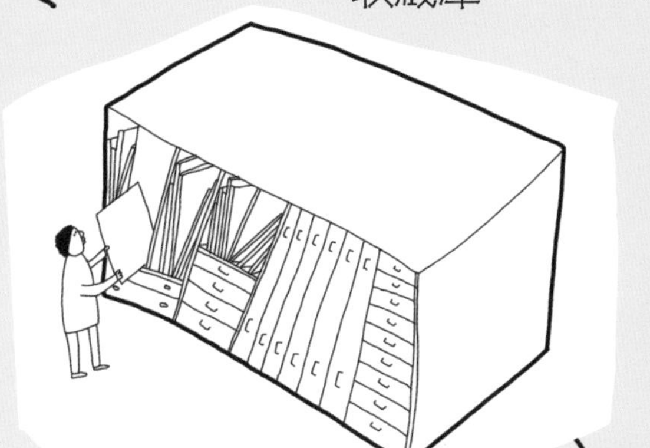

収蔵庫

収蔵係は、収蔵庫で新たな作品にふさわしい場所を確保し、のちにすぐに見つけられるように、作品の場所をロケーションリストに書き込みます。

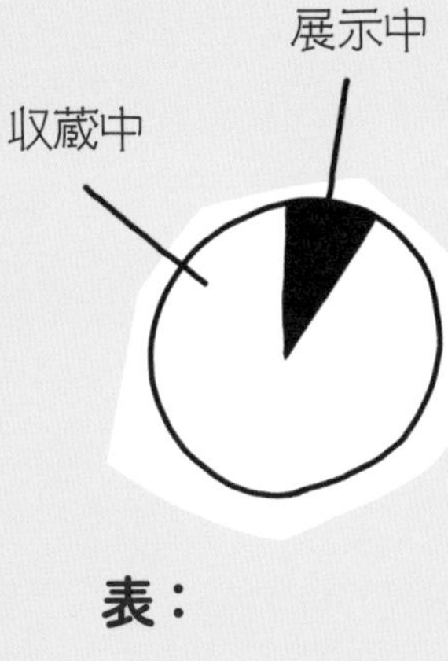

表：

収蔵中90%、展示中10%

企画展

他館への貸し出し

どうやって
美術品を保管するの？

美術品が損傷する可能性は、皆さんが想像できないほど、いろいろとあります。作品が分解したり、溶け出すこともあれば、あるいは誰かが触ったり、色をつけたり、しわくちゃにしたり、破ったり、汚れをつけたり、割ったり、折ったり、こすったり、落書きしたり、液体をかけたり、何かで突いたりすることもあります。また、作品そのものにひびが入ったり、カビが生えたり、黄ばんだり、色あせたり、黒ずんだりすることもあれば、場合によっては発火したりし、ときには作品が息絶えることさえあります。美術館はこういったことをすべて想定し、可能な手段をもちいて損傷を防がなければいけません。

損傷を防ぐ基本的なルールとして、作品を赤ちゃんのように扱い、清潔と秩序《ちつじょ》に気をくばり、かならず手袋《てぶくろ》をして作品に触る、そういう責任感の強い人しか美術館では働けません。次いで求められるのは、美術品をしかるべき場所に保管すること。作品が展示されないときは、倉庫や収蔵庫で厳重《げんじゅう》に保管されます。作品の管理にも最善《さいぜん》を尽《つ》くします。展示室にも、倉庫にも、同じルールがあてはまります。つまり、侵入者を入れない、火災を起こさない、水にぬらさないことです。この点からいえば、窓がなく、丘の高台にあるのが最高の美術館といえるかもしれません。美術品は人間と似ていて、私たちにとって快《かい》適《てき》な場所であれば、作品にとってもそうなのです。極端《きょくたん》な状態は、そうじて作品に害をもたらします。温度が高すぎる、あるいは低すぎる、湿気が多い、日射《ひざ》しが強い……。美術品だって汗《あせ》をかいたり、凍《こご》えたり、変形したり、カラカラになってしまうのです。

ロケーションリスト

収蔵庫のロケーションリストがあれば、どの作品もすぐに発見できます。そこには、作品が保管されている区画、棚《たな》、ケース、ラックの番号が書いてあります。

温湿度計と水銀温度計

温度と湿度のデータは、昔からある信頼できる機器を用いて、確認します。温湿度計は、紙製のシリンダーに温度と湿度を示します。水銀温度計が測《はか》るのは温度だけです。

セキュリティーカード式防火用安全扉《とびら》

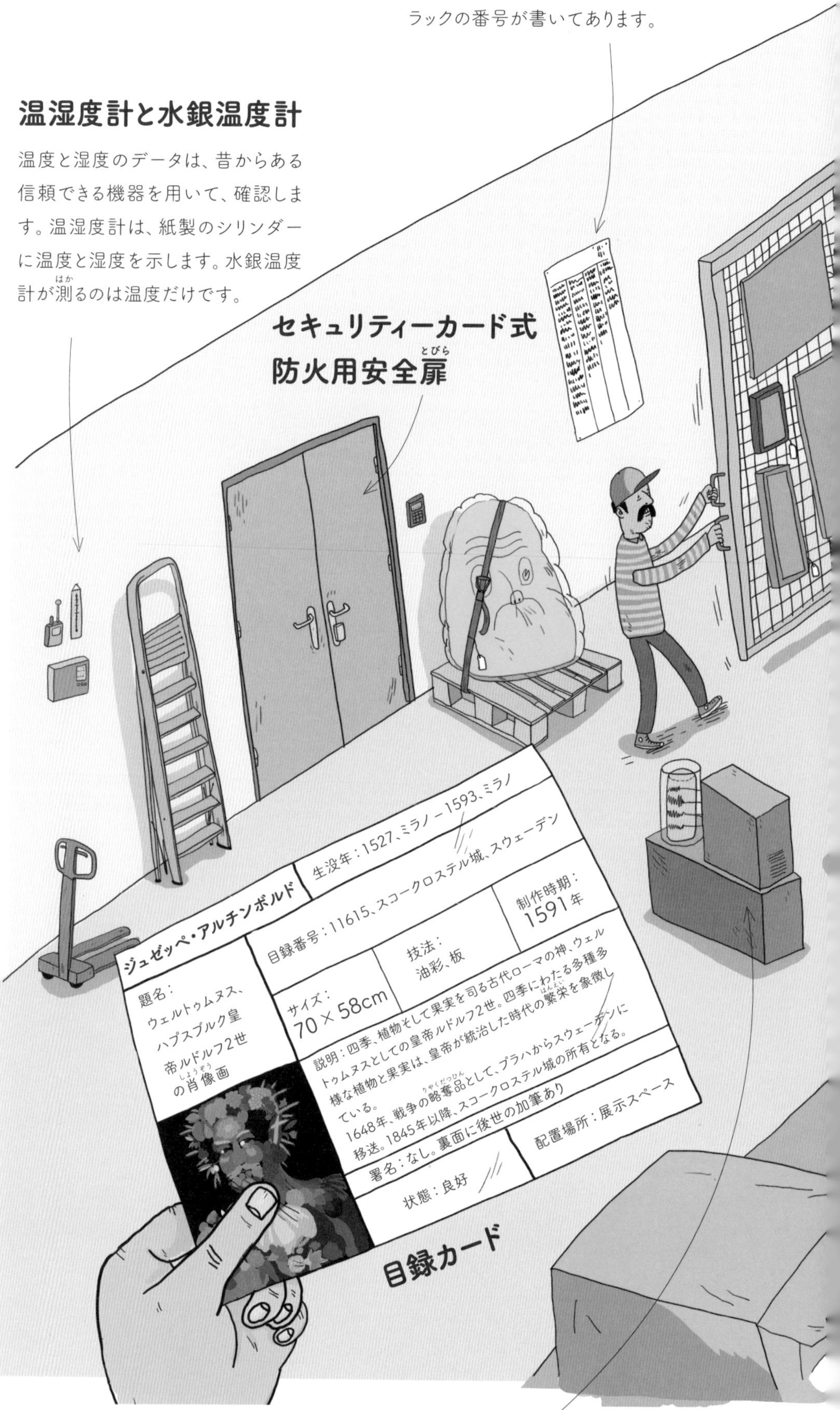

目録カード

デジタル温湿度計と照度計

近代的な収蔵庫には、（温度と湿度を計測する）デジタル温湿度計と（照度を計測する）照度計があります。これらの機器はコンピュータにデータを送り、コンピュータはデータをわかりやすいグラフに変換《へんかん》します。

これは、実在する収蔵庫を描いたものではありません。単なる想像の産物です。じっさいには、異なる材質のものが、同一のスペースに置かれることはありません。

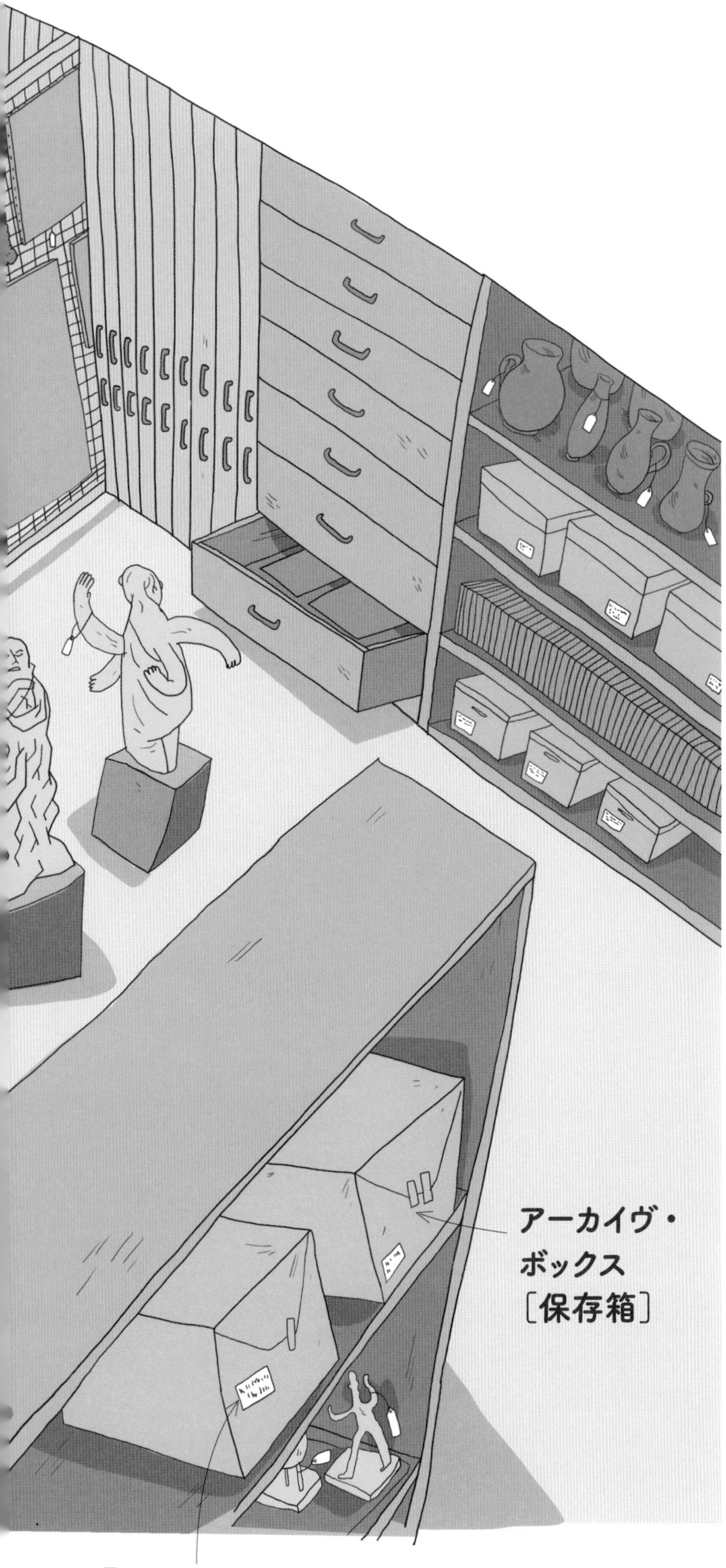

ラベル

美術品にはすべてラベルが貼《は》られているか、括《くく》りつけられていて、作者名、題名、制作年、そして目録番号が記されています。

絵画

保管場所：可動式網棚《あみだな》

利点：省スペース、移動しやすい。｜**欠点：**高い場所にあると、取りはずしに手間がかかる。

温度：16 – 18℃｜**湿度：**55 – 60%

照度：150ルクス

彫刻

保管場所：柔らかいクッションのある棚、パレット

利点：棚の場合は省スペース、パレットの場合は扱いやすい。｜**欠点：**奥《おく》にある像は見えにくいため、展示の機会に恵まれない。

温度：20 – 25℃（石、金属）、16 – 18℃（木材）

湿度：50 – 65%（金属は55%まで）

照度：300ルクス（石）、150ルクス（木材）

ドローイング、グラフィック、写真

保管場所：非酸性《ひさんせい》のアーカイヴ・ボックス、封筒《ふうとう》、紙

利点：暗い。｜**欠点：**探すのに時間がかかる。

温度：16 – 18℃

湿度：45 – 55%、20 – 40%（写真）

照度：紫外線反射ぬきで50ルクス、モノクロ写真は150ルクス

パフォーマンス（ビデオ）

パフォーマンスとは、特定の時間と場所で行なわれる身体表現のこと。そのため、短時間のものが多いが、ビデオに撮ることや、写真に記録することが可能。｜**保管場所：**コンピュータ、DVD、あるいは古いネガ｜**利点：**ほとんどスペースをとらない。｜**欠点：**時間が経つとすべてを再《さい》コピーする必要がある。古いネガは、暗い、低温状態で保存しなければならない。

インスタレーション

インスタレーションは、さまざまな特性をもついろいろな素材のオブジェによる空間展示のこと。場合によっては、箱のなかで保管することも可能。生きた動物をつかったインスタレーションの場合、展覧会の期間中はエサを与える必要があり、展覧会が終わり次第飼い主にかえすか、持ち主を探す必要がある。

応用美術

保管場所：棚、収納ラック

利点：省スペース。｜**欠点：**よく見えない。

温度：18 – 20℃

湿度：55%まで

照度：300ルクスまで

修復家

この世のすべてのものと同じく、美術品も時間の流れに逆らえず、もとの姿が損なわれていきます。懸命な努力にもかかわらず、重要な作品が傷んでしまうこともあります。木材、カンヴァス、紙、それに石は、温度と湿度の変化にとても敏感《びんかん》です。今日われわれが目にする作品の多くは完全な状態にはなく、過去の痕跡《こんせき》をとどめてはいるものの、昔ははっきり見えた細部もいまやその精彩《せいさい》を欠いています。古代の芸術家が残したモニュメントを最高の状態で保存できるよう、あるいは作品本来の輝きをとりもどすべく、修復家という専門家《せんもんか》たちが技能《ぎのう》を発揮《はっき》しています。修復作業中に、それまで知られていなかった事実が明らかになることも珍しくはありません。

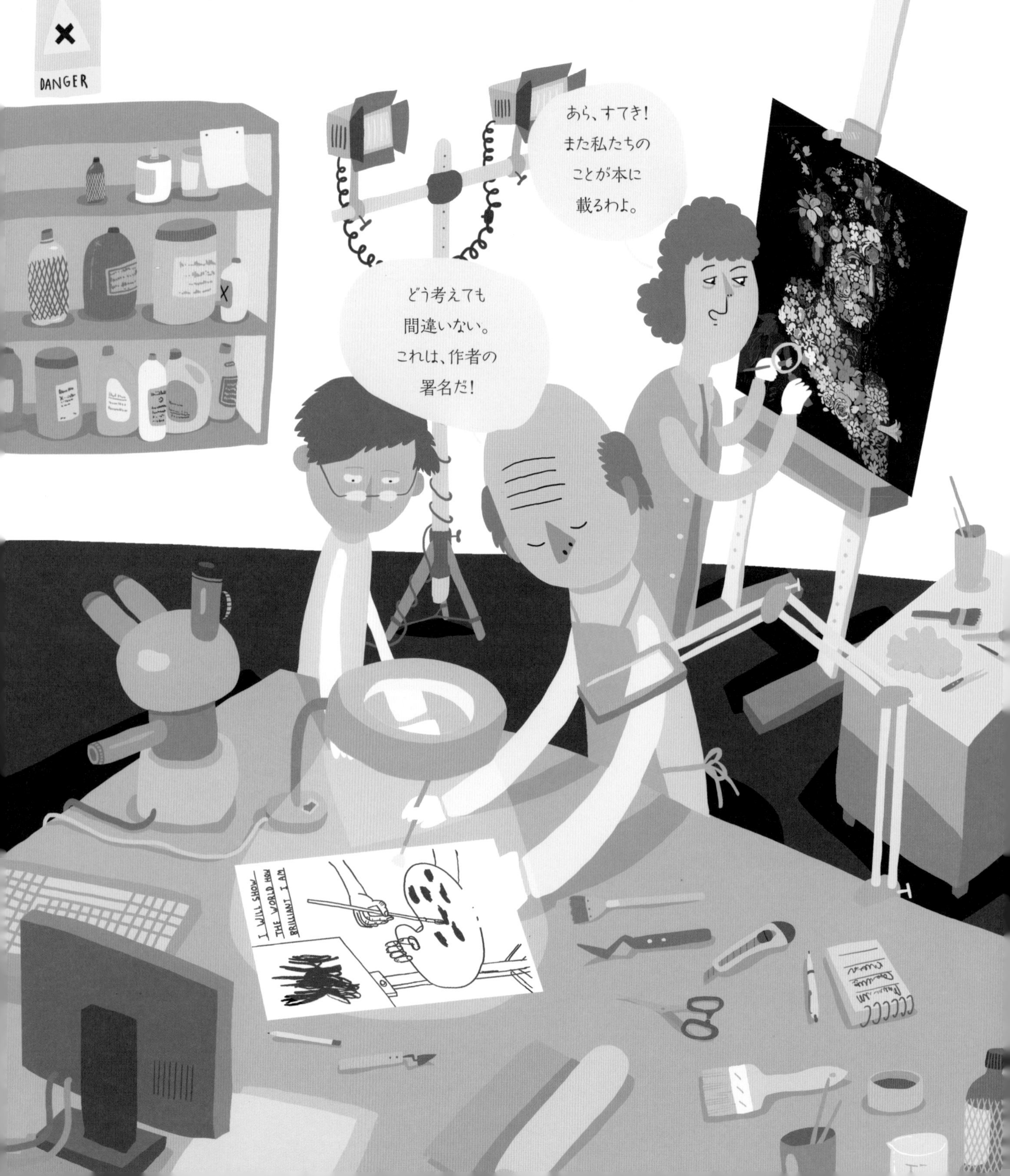

設営担当

展覧会を設営し、絵画を設置するのが、設営スタッフの仕事。ドリルや裁断機が扱えるだけではなく、いろんな技術を使いこなし、技術的な問題であればなんでも解決します。現代アートの作品を展示するのは、そう簡単なものではありません！　とくに、芸術家本人が近くにいる場合には。展示スタッフ、言うなれば「インスタレーション特攻隊《とっこうたい》」は、ときに夜まで働きますが、熟練「軍曹《ぐんそう》」が弱音を吐《は》くことはありません。そんなわけで、オープニングで最大の感謝を捧《ささ》げられるのは、たいていかれらなのです。

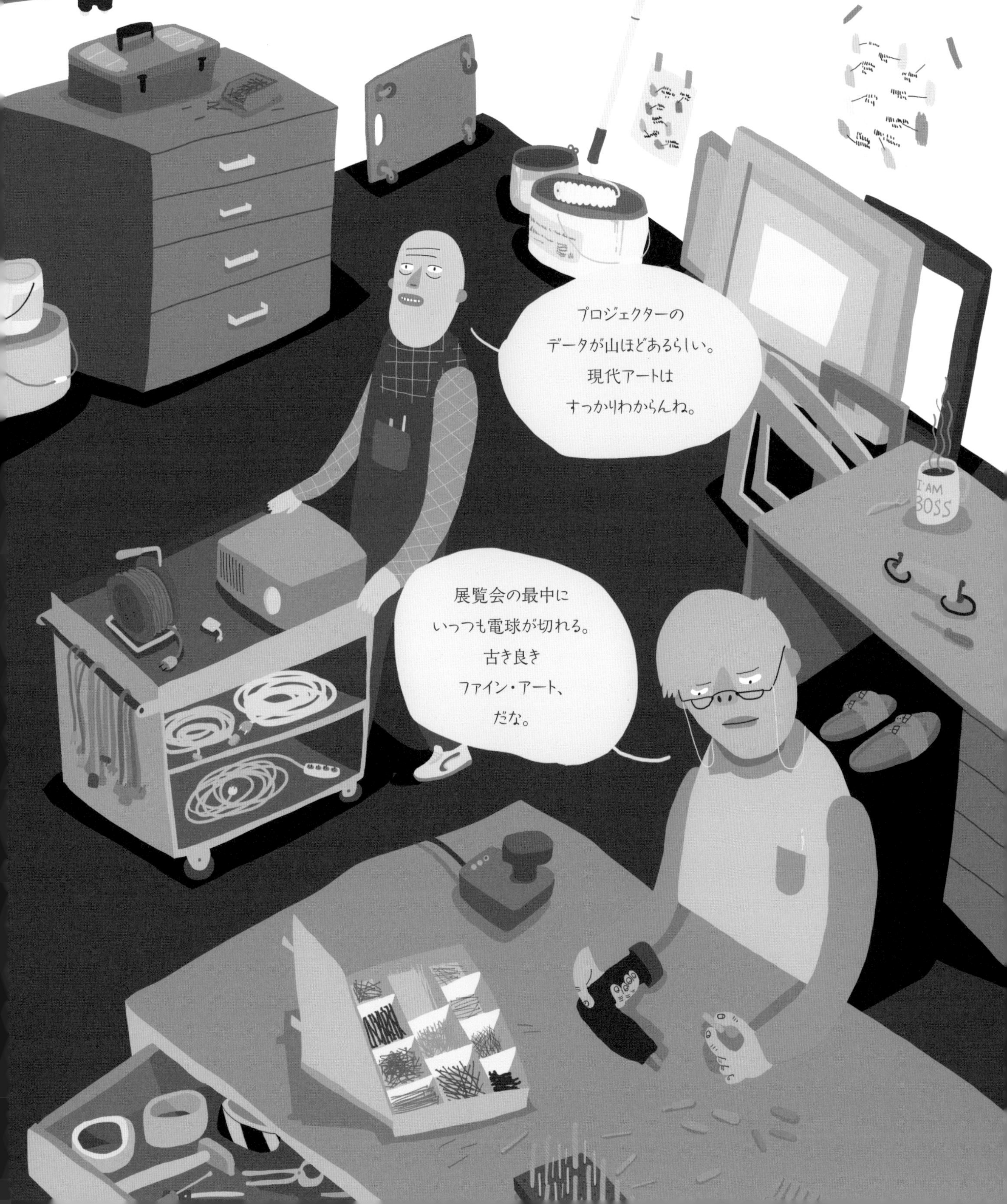

コレクションは
どうやって
展示されるの？

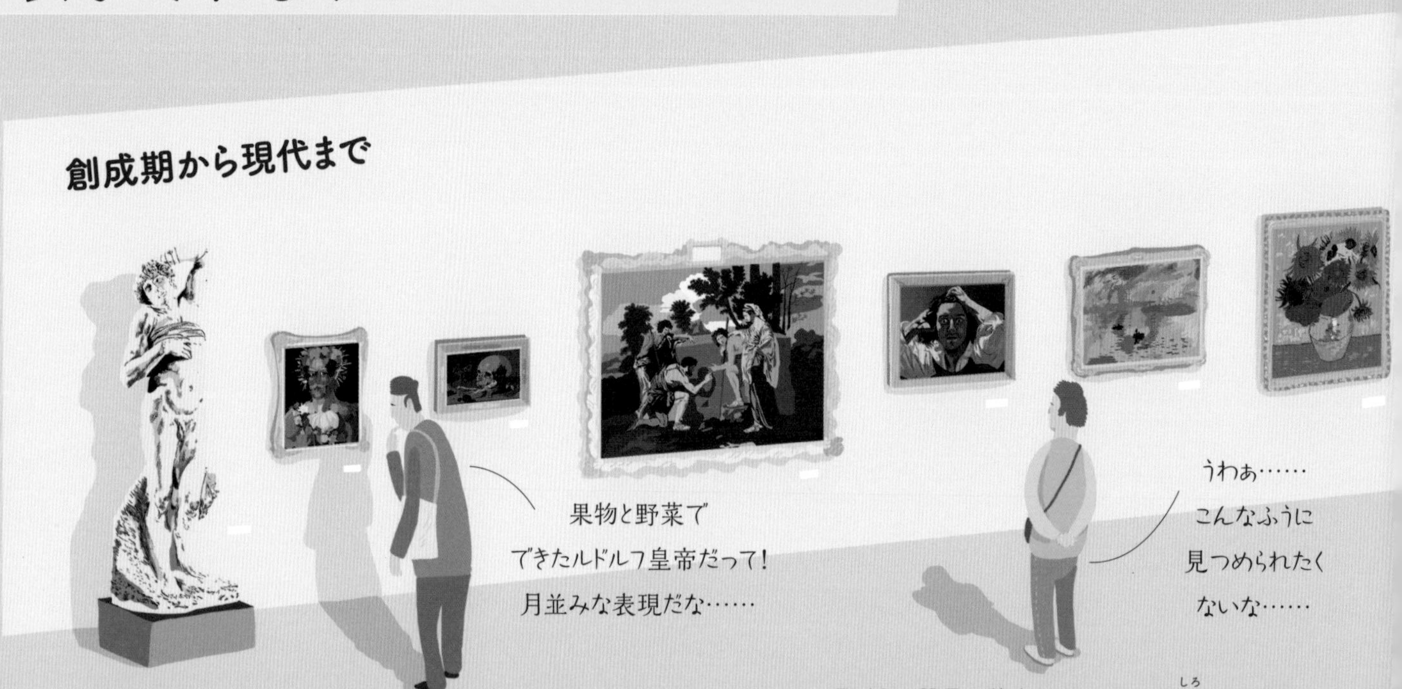

美術品のコレクションは、おもちゃの積木のようなものです。作品ひとつひとつが、それぞれ異なる色と形をした積木の1ピース。美術館はこれらのピースを組み合わせて、常設展を形づくっていきます。コレクションのどの作品を見せるかという点だけではなく、どのように配置するかということも同じくらい大事なのです。

子どもが器用に積木をつかって、お城《しろ》でも、UFOでも、海賊《かいぞく》船でも、人形の部屋でも何でもつくるように、美術館の学芸員も、コレクションからさまざまな物語をつくりあげます。古いものから新しいものへと作品を並べること、それは、時系列に沿《そ》った年代的な配置です。この流れでは、芸術作品の主題はもちろ

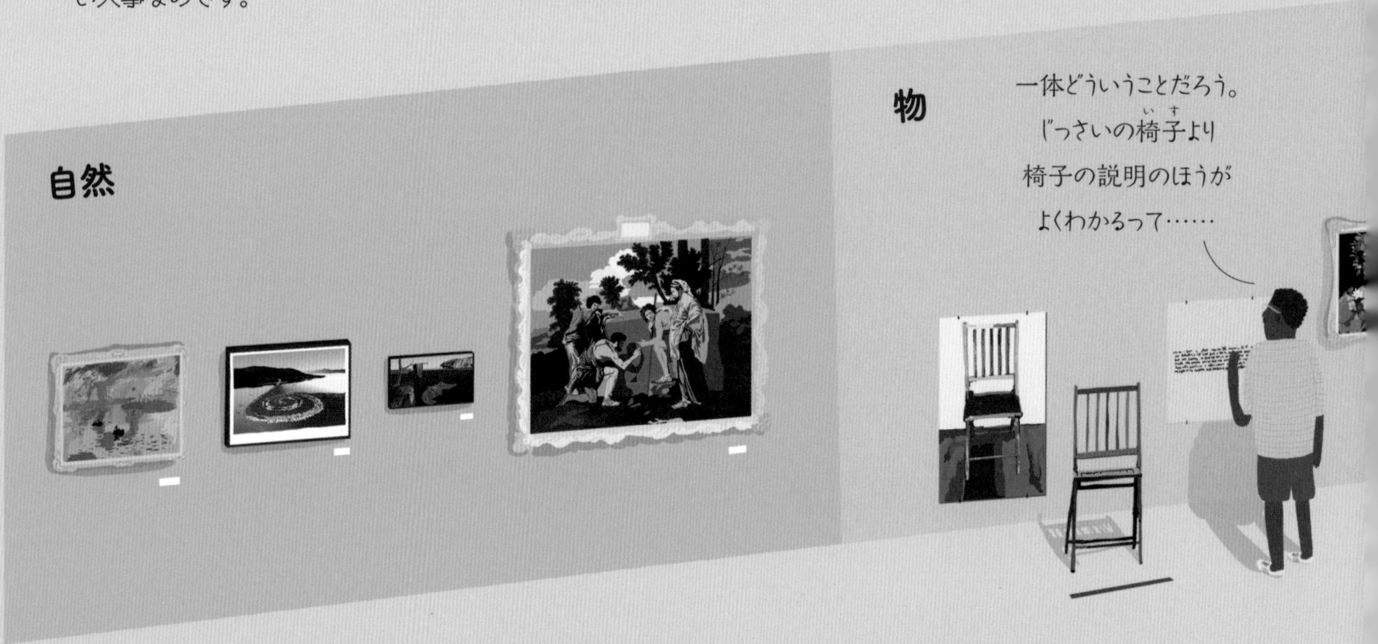

展示されている作品のすべてが、フィンセント・ファン・ゴッホの《ひまわり》のように、誰の絵かすぐにわかるというわけではありません。だからこそ、作品には、キャプションが添《そ》えられているのです。鑑賞者は、このキャプションを読めば、作品を作ったのは誰か、そして作り手は、いつ、どこで生まれ、亡《な》くなったのかを知ることができます。

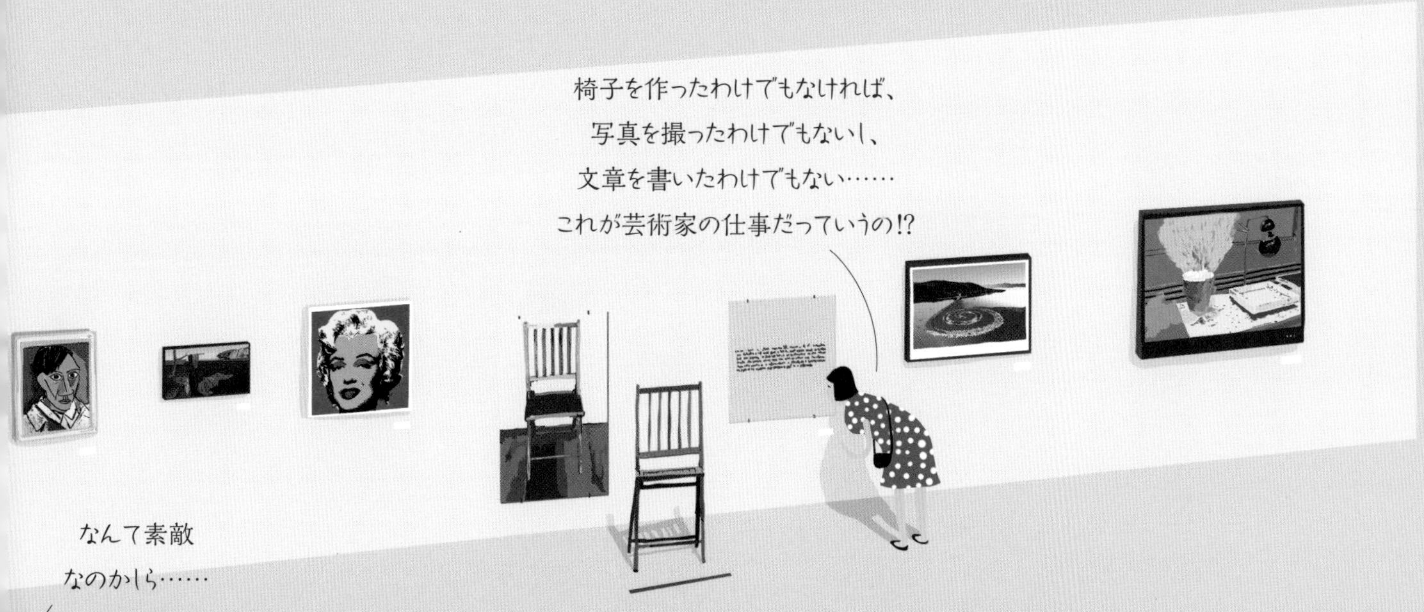

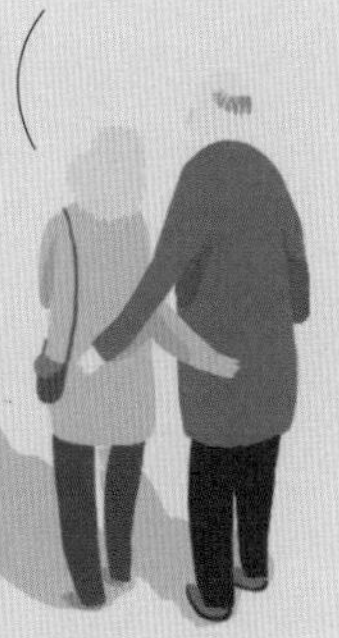

ん、描写《びょうしゃ》のアプローチや芸術家の世界観が年月を経て、どのように変化したか知ることができます。キュレーターは、同じ主題（たとえば、風景画）の作品をひとつの展覧会でまとめて展示することもできます。そうすれば、風景を描《か》いた絵画を時代ごとに鑑賞できます。こういった展示を通して、自然は芸術家たちにとって重要なテーマであること、そして自然の捉え方は時代によって異なり、そういった異なる感情が強調されていたことも、来館者は知るのです。興味を引く常設展をどのように構成するか——そこには無限の可能性があります。すべては学芸員の想像力次第なのです。

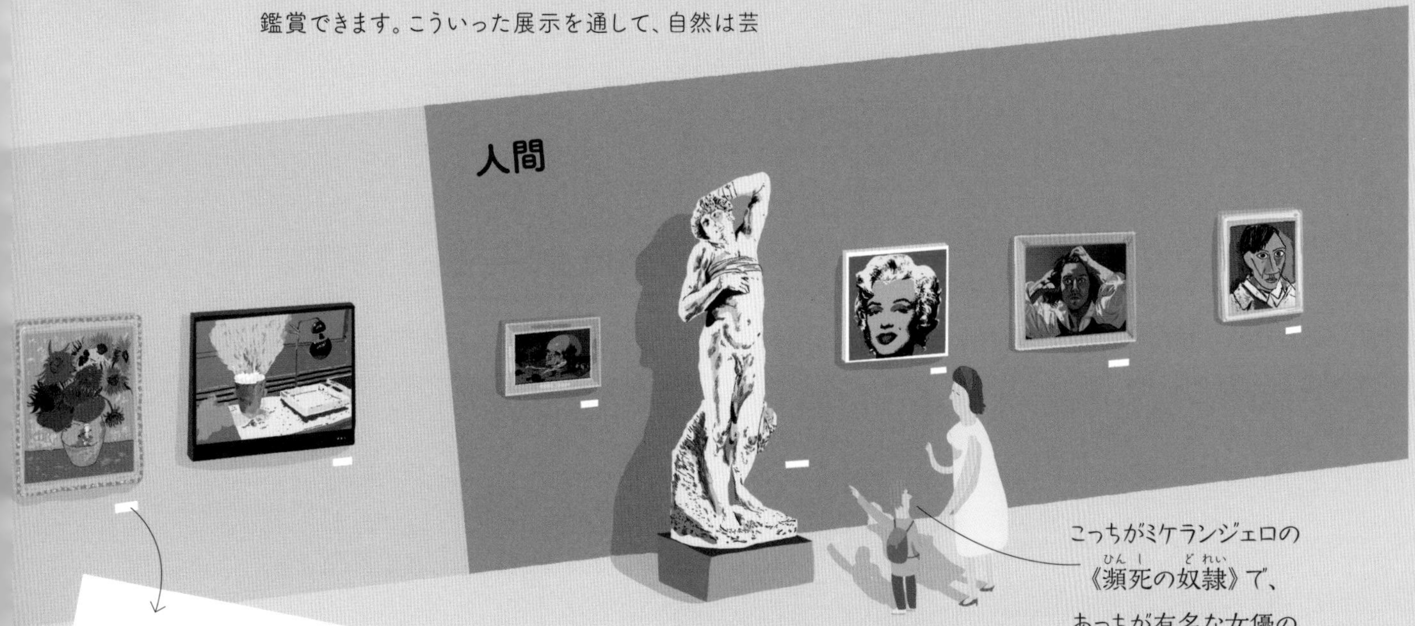

フィンセント・ファン・ゴッホ
（1853、ズンデルト—1890、オーヴェル＝シュル＝オワーズ）

《ひまわり》、1889 / SUNFLOWERS, 1889
油彩、カンヴァス / OIL ON CANVAS
ノイエ・ピナコテーク、ミュンヘン

作品名と制作年も、また大切です。作家が用いた技法はどのようなものかということにも、鑑賞者は関心を寄せます。キャプションの一番下の行には、展示品の所有者が書いてあります。個人のコレクターの場合もありますが、世界的に名を知られた美術館が所有していることがほとんどです。美術館の展覧会には外国の方もやってくるので、キャプションの情報が、英語でも表記されているとよいですね。

3. 展覧会のつくりかた

どうやって展覧会を準備するの？

学芸員
（キュレーター）

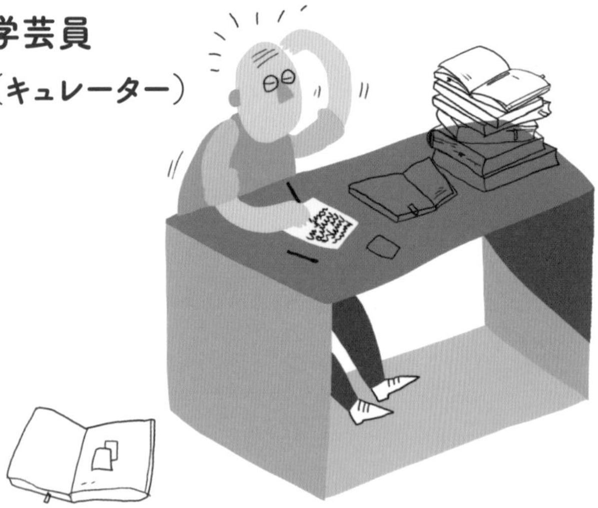

展覧会案についての会議 **2**

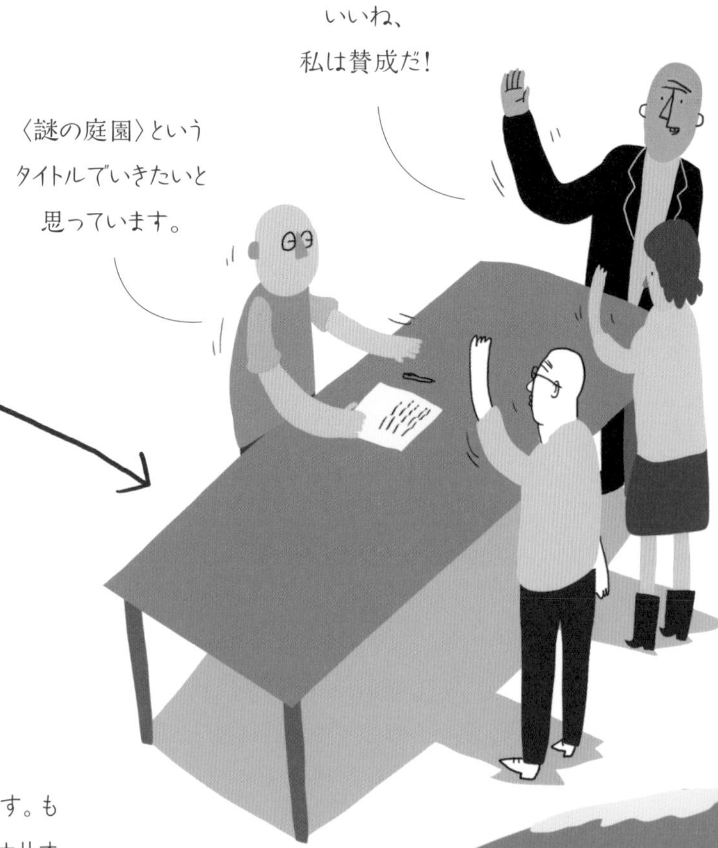

1

あらゆる展覧会は、**学芸員のアイデア**から始まります。もちろん、アイデアだけでは足りません。展覧会のシナリオを生み出すには、多くの本、美術品を通して研究することが不可欠。そして、何を、どのように展示するのか、とくに、展覧会を通してどういう物語を鑑賞者に語りかけたいのか、書いてまとめます。

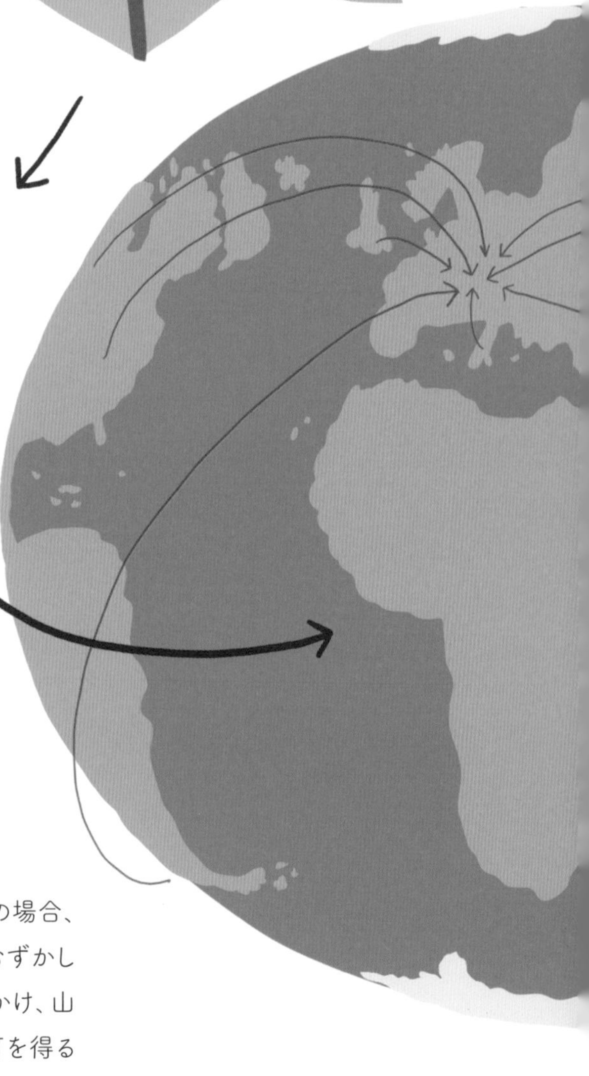

展覧会の準備

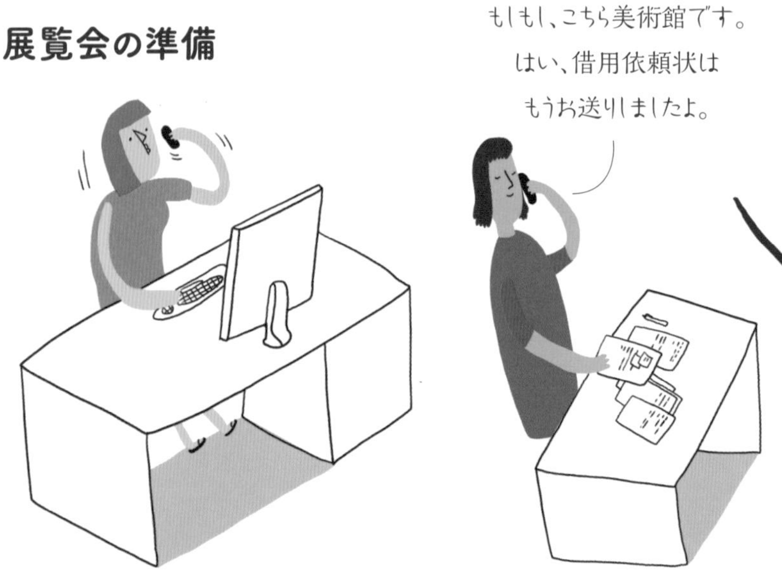

3

展覧会の準備には、多くの時間を費やします。大がかりな展覧会の場合、美術館の全スタッフが数年にわたって関わることもあります。特にむずかしいのは、国外の美術館や個人コレクターとの交渉。電話を何回もかけ、山のような書類を書かなければなりません。貴重な絵画の借用許可を得るには、外交スキルと人間としての魅力の使いわけが求められたりもします。

そのあと、学芸員は美術館の仲間に**展示計画**をプレゼンします。そのあと、長い議論が続き、ときには口論することも。それぞれの担当について確認します。経理は展覧会の経費がいくらになるか気になり、広報担当は、どうやったら広い層《そう》の観客を呼べるか考えます。学芸員の案がすぐれているだけではなく、一般の人びとにとっても魅力があり、そしてこれで実現できそうだと全員が一致《いっち》してはじめて展覧会の準備が本格化します。

作品の輸送《ゆそう》

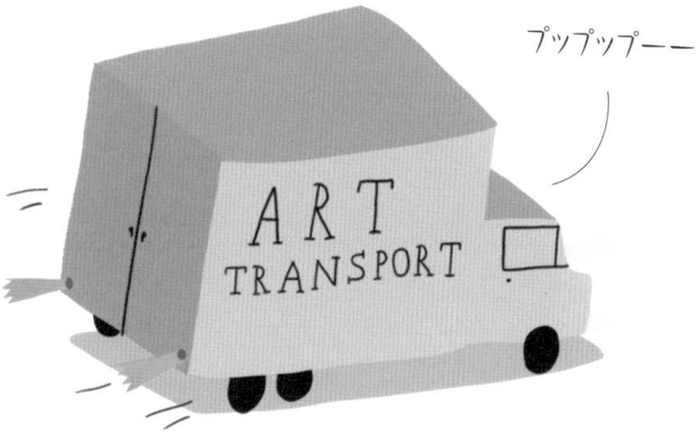

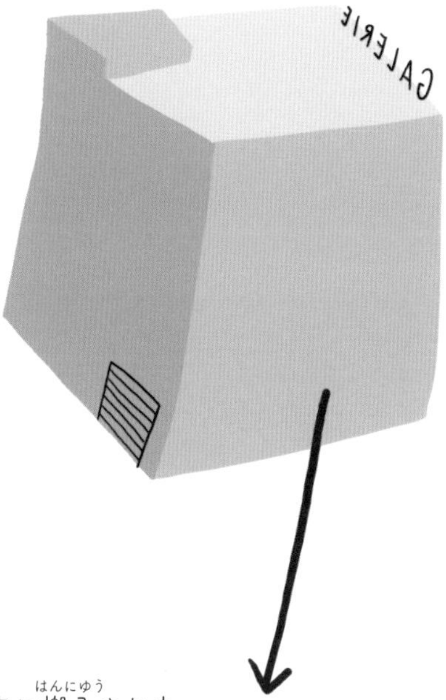

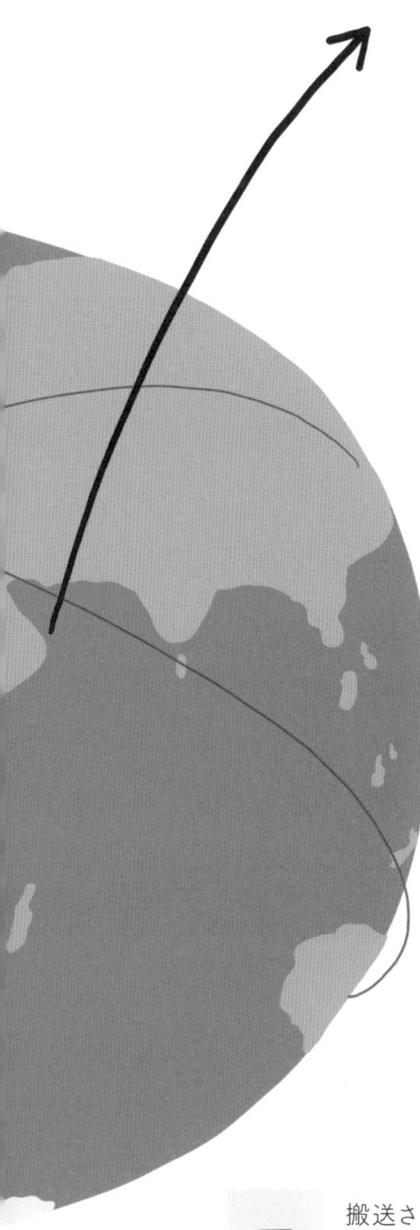

4

展覧会が始まる約1か月前、美術品が館内に搬入《はんにゅう》されます。美術品の運搬は、家具の引っ越しとは別物。美術品は非常に繊細《せんさい》で、すこし擦《こす》れただけでも修復できない傷がつく可能性があるのです。

搬送

搬送の際には、温度と湿度の急激な変化から作品を保護する細心の配慮が必要。ですから、特殊《とくしゅ》な運搬車だけでなく、サイズにあわせてつくったケース（クレート）も使われます。

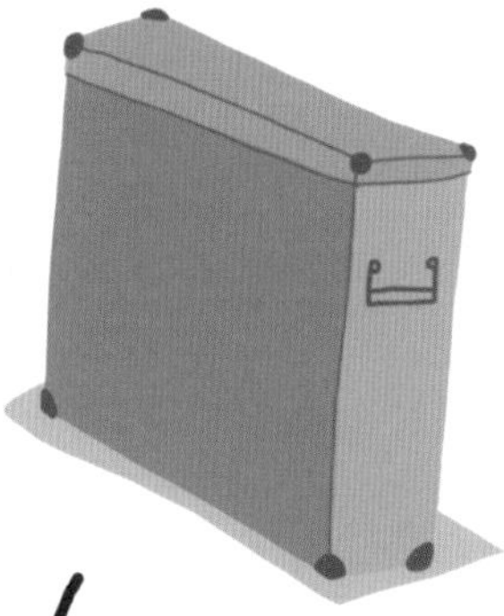

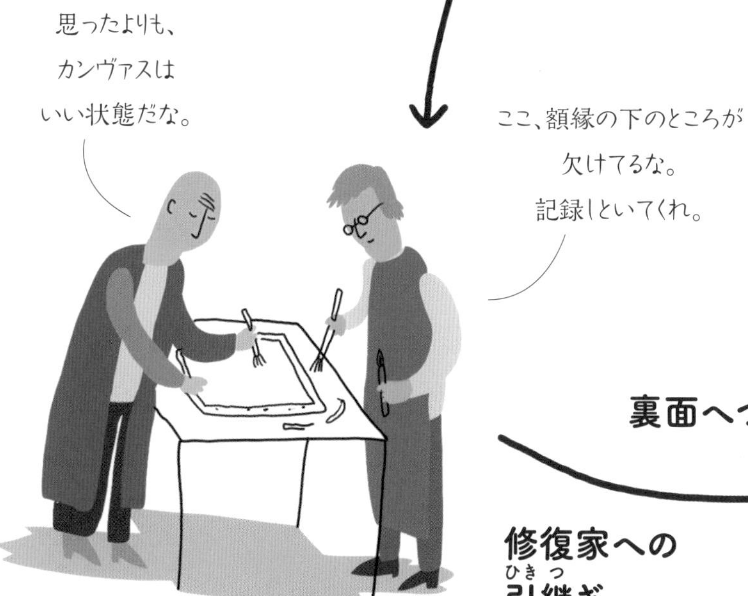

裏面へつづく

修復家への引継《ひきつ》ぎ

5

搬送されてきた絵画や彫刻など、すべての作品は、**修復家**が受け取ります。搬送の最中に損傷を受けていないか細かく確認。その後、作品の状態は、特別な資料に記録されます。

6

一番初めにアイデアを出すのは学芸員ですが、**関係者**の助けがなければ、展覧会はけっして上首尾《じょうしゅび》に終わりません。

7

ロジスティクス担当は、学芸員の右腕です。必要な物や人が、必要なときに必要な場所に届くように手配します。展覧会の準備は刻々と進んでいくので、ひとつのステップが次のステップに連動しています。美術館で四六時中電話している人がいれば、その人はロジスティクス担当にまちがいありません。

8

展示デザイナーは、美術品の展示をどこで、どのようにするかという点を解決していきます。展示スペースに絵を展示する場所が不足しているときは、自分で設計した壁を追加で設置します。設計担当は、空間配置と展示品のモデルを準備し、それをもとに学芸員と細部を詰《つ》め、技術担当が難なく設営できるようにします。

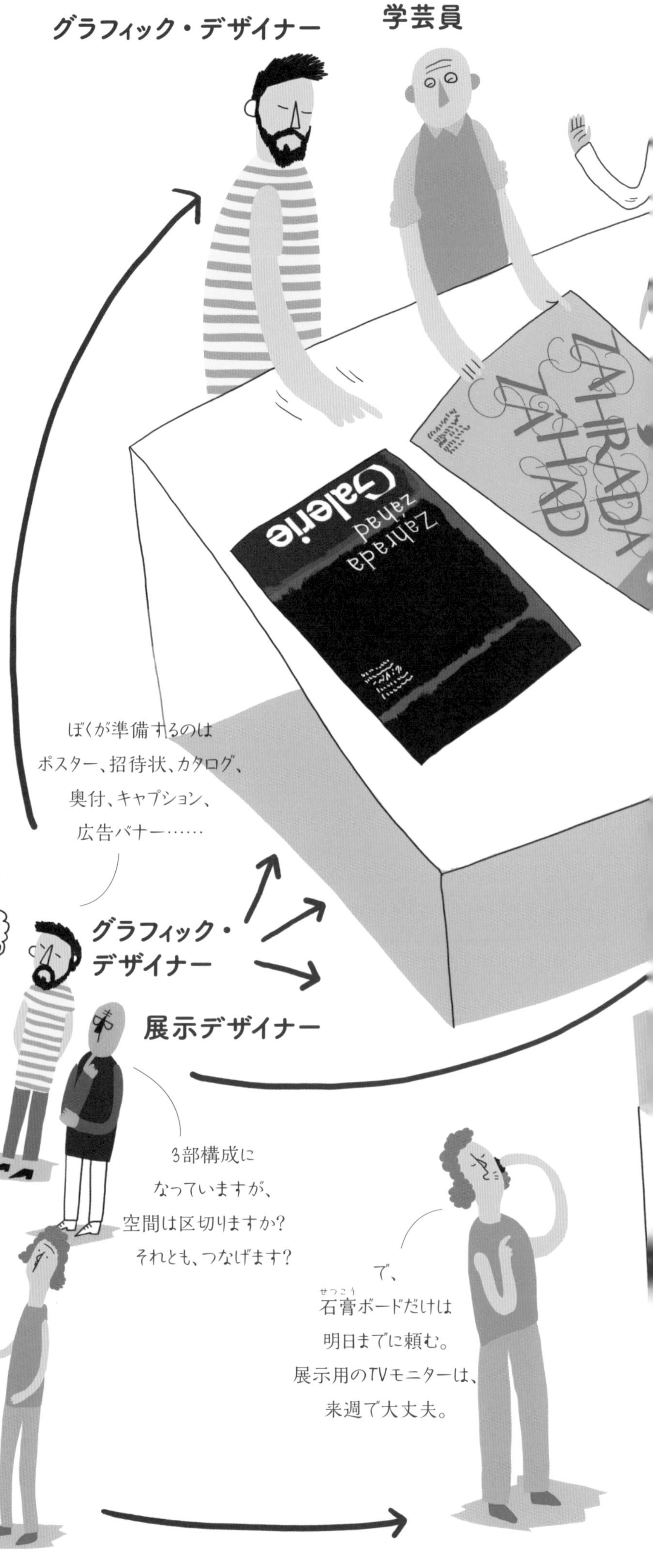

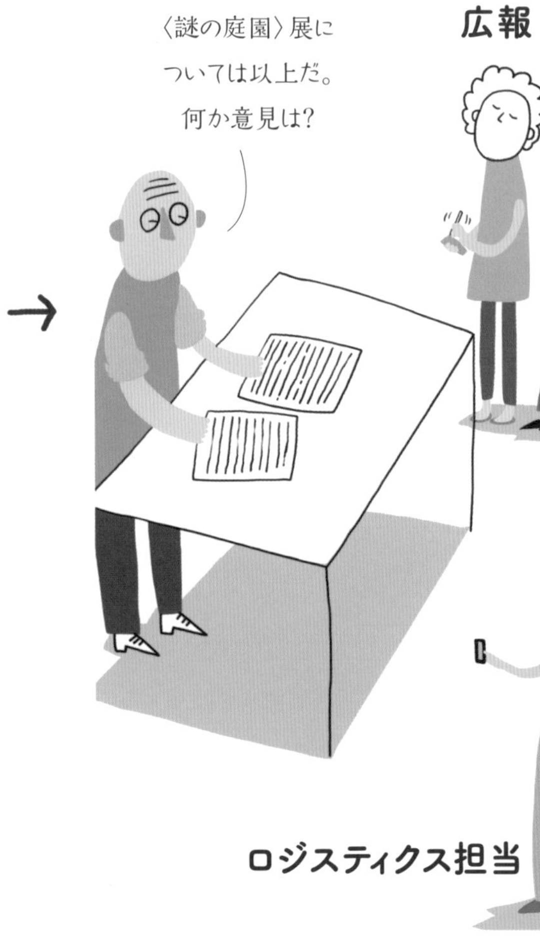

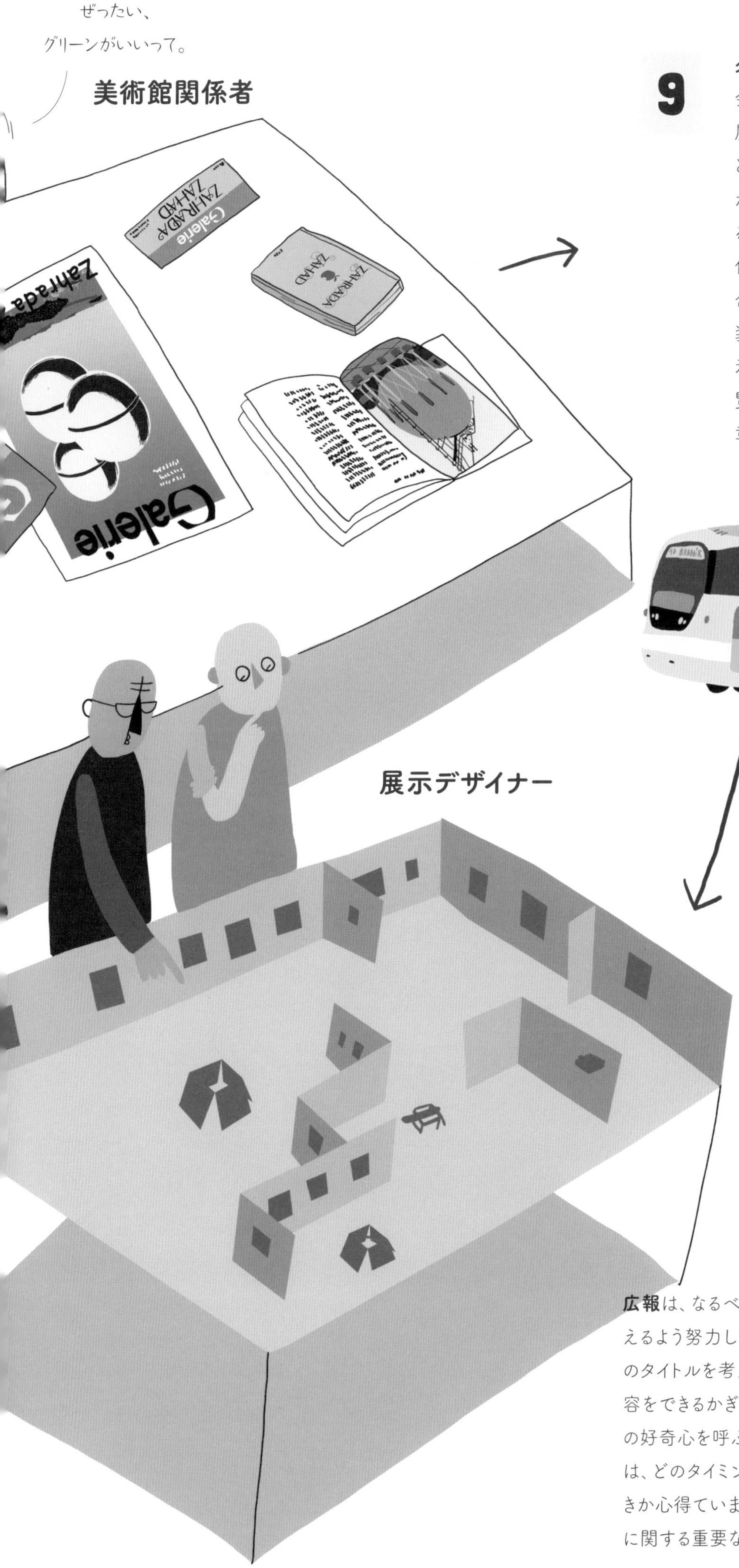

9

グラフィック・デザイナーは、展覧会のイメージをひとつにまとめます。展覧会で目にする文字のひとつひとつが、デザイナーのコンピュータから生まれたもの。街頭で目にするポスター作成も、デザイナーの仕事です。図録（大きな展覧会に合わせて発行される書籍のこと）の装丁も手がけます。図録には、展示品の写真が載っているほか、展覧会のテーマをめぐる興味深い文章を読むことができます。

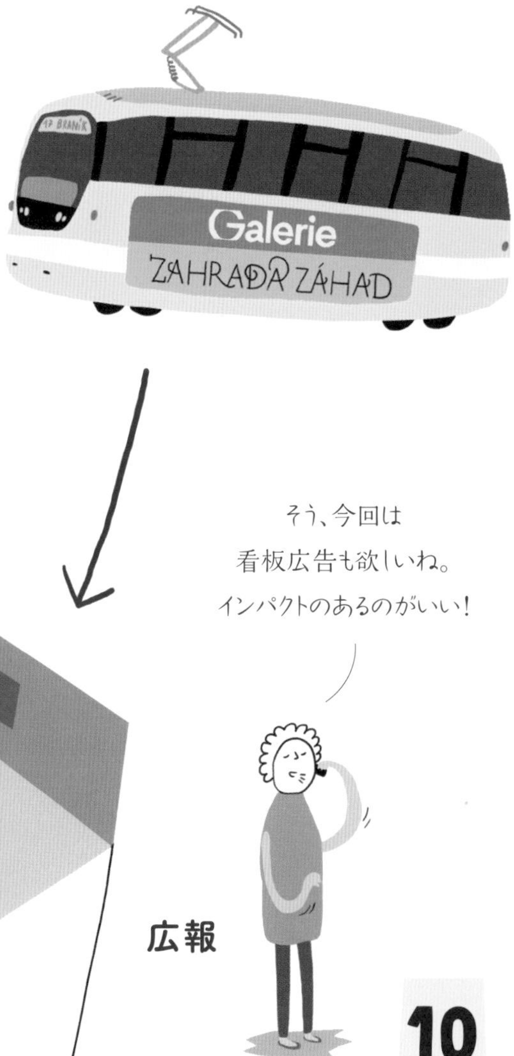

10

広報は、なるべく多くの人に展覧会を知ってもらえるよう努力します。学芸員といっしょに展覧会のタイトルを考えますが、タイトルは、展覧会の内容をできるかぎり忠実《ちゅうじつ》に伝えると同時に、来館者の好奇心を呼ぶものでなければなりません。広報は、どのタイミングで、どの媒体《ばいたい》で情報を出すべきか心得ています。広く知ってもらうため、展覧会に関する重要な情報を記者にも提供します。

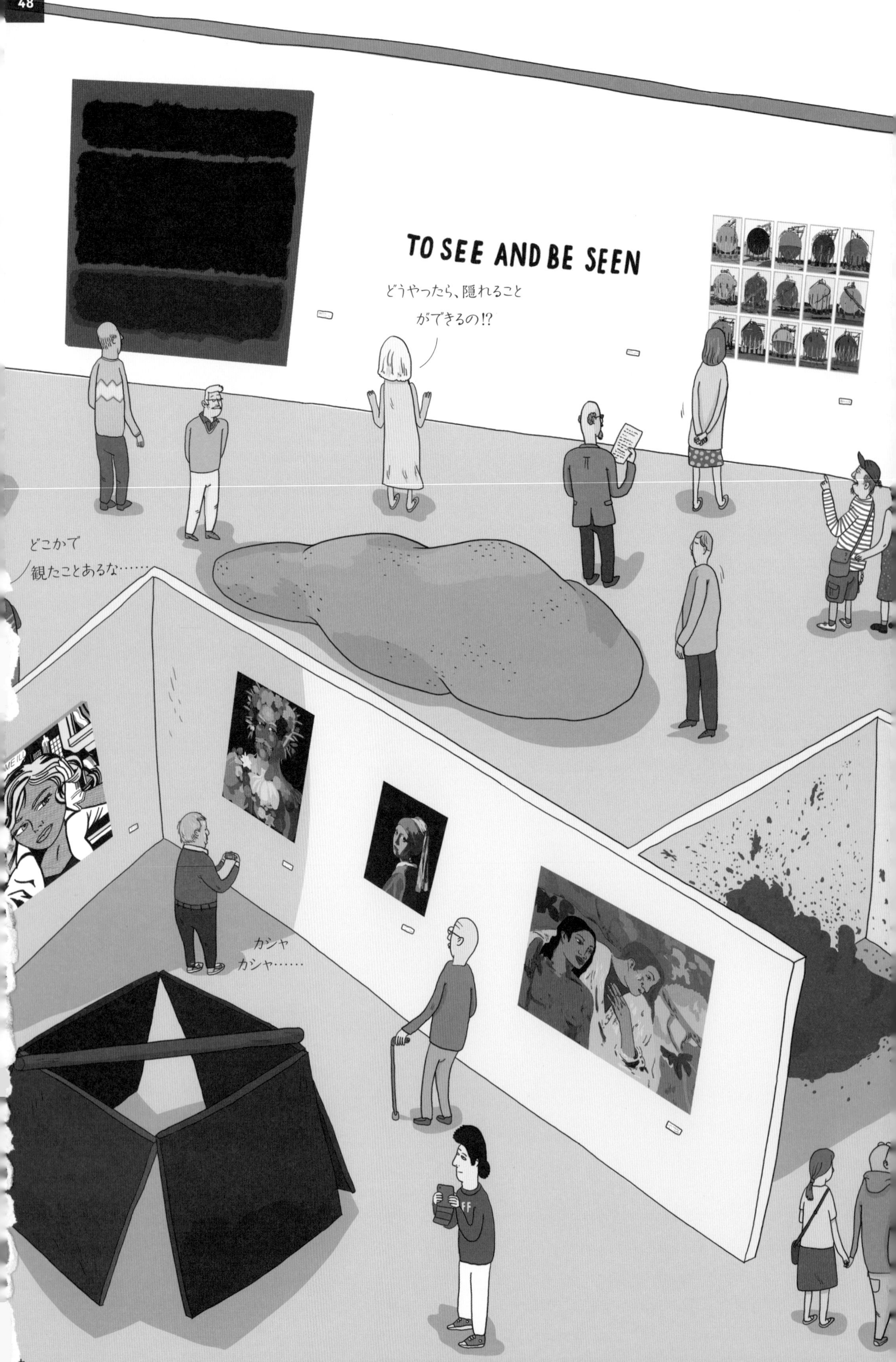
TO SEE AND BE SEEN
どうやったら、隠れること
ができるの!?
どこかで
観たことあるな……
カシャ
カシャ……

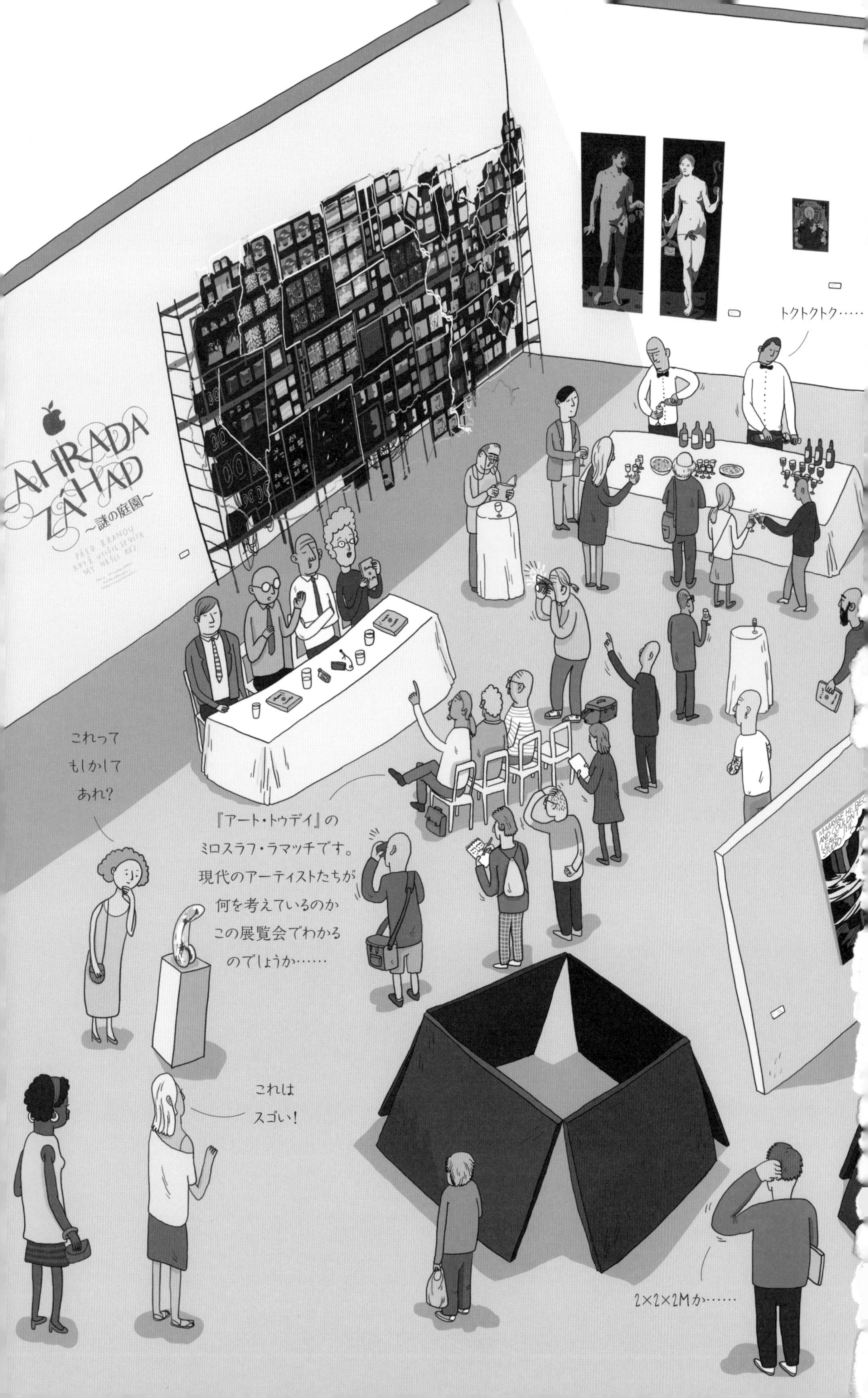
AHRADA
ZÁHAD
~謎の庭園~
PŘED BRANOU
KDYŽ UTÍŠIL SE VÍTR
MY NAŠLI RÁJ
トクトクトク……
これってもしかしてあれ?
『アート・トゥデイ』のミロスラフ・ラマッチです。現代のアーティストたちが何を考えているのかこの展覧会でわかるのでしょうか……
これはスゴい!
M-MAYBE HE
AND COULDN'T
LEAVE THE
STUDIO!
2×2×2Mか……

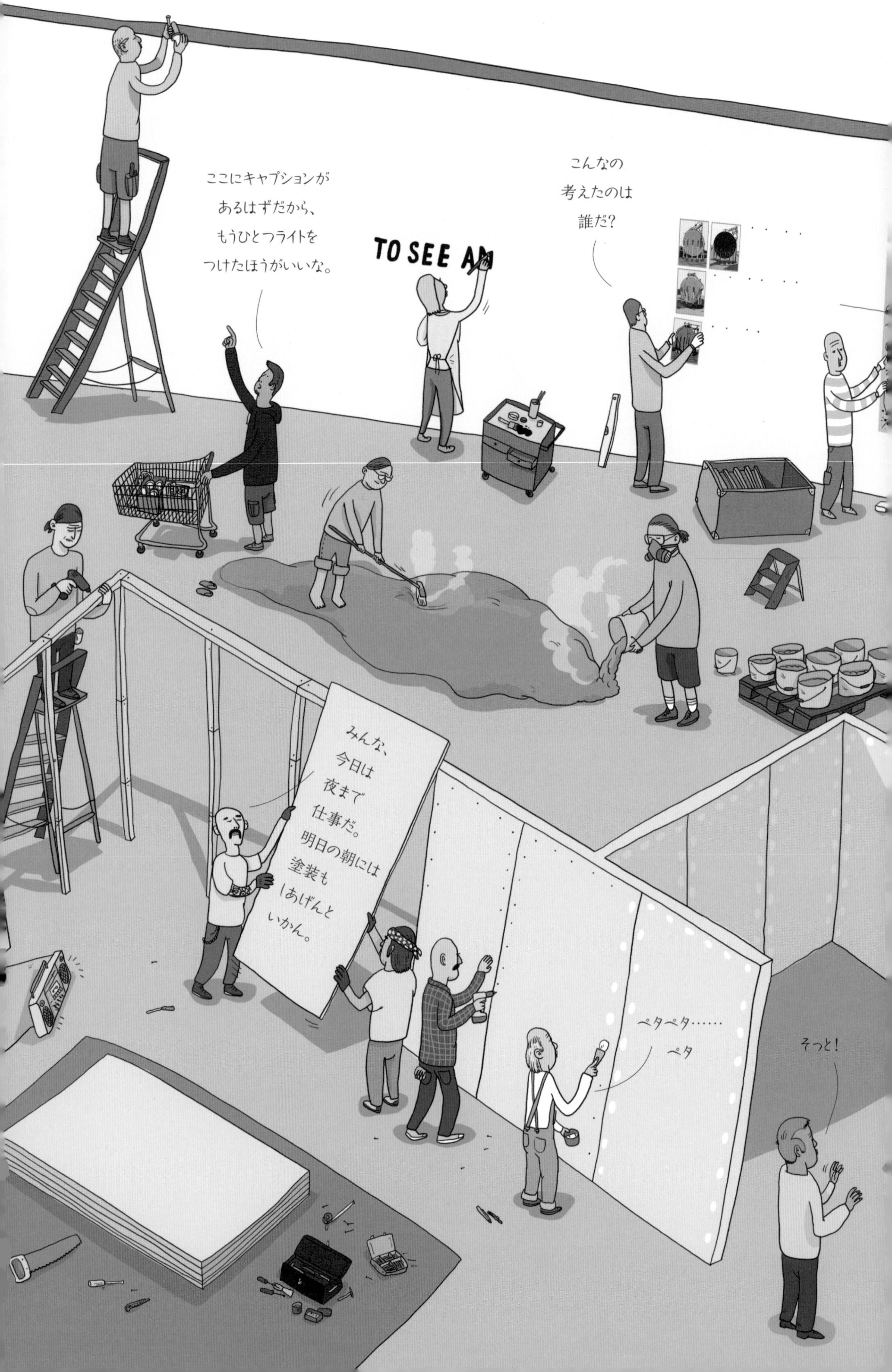
ここにキャプションが
あるはずだから、
もうひとつライトを
つけたほうがいいな。
TO SEE A
こんなの
考えたのは
誰だ?
みんな、
今日は
夜まで
仕事だ。
明日の朝には
塗装も
しあげんと
いかん。
ペタペタ……
ペタ
そっと!

どうやって 作品を展示するの？

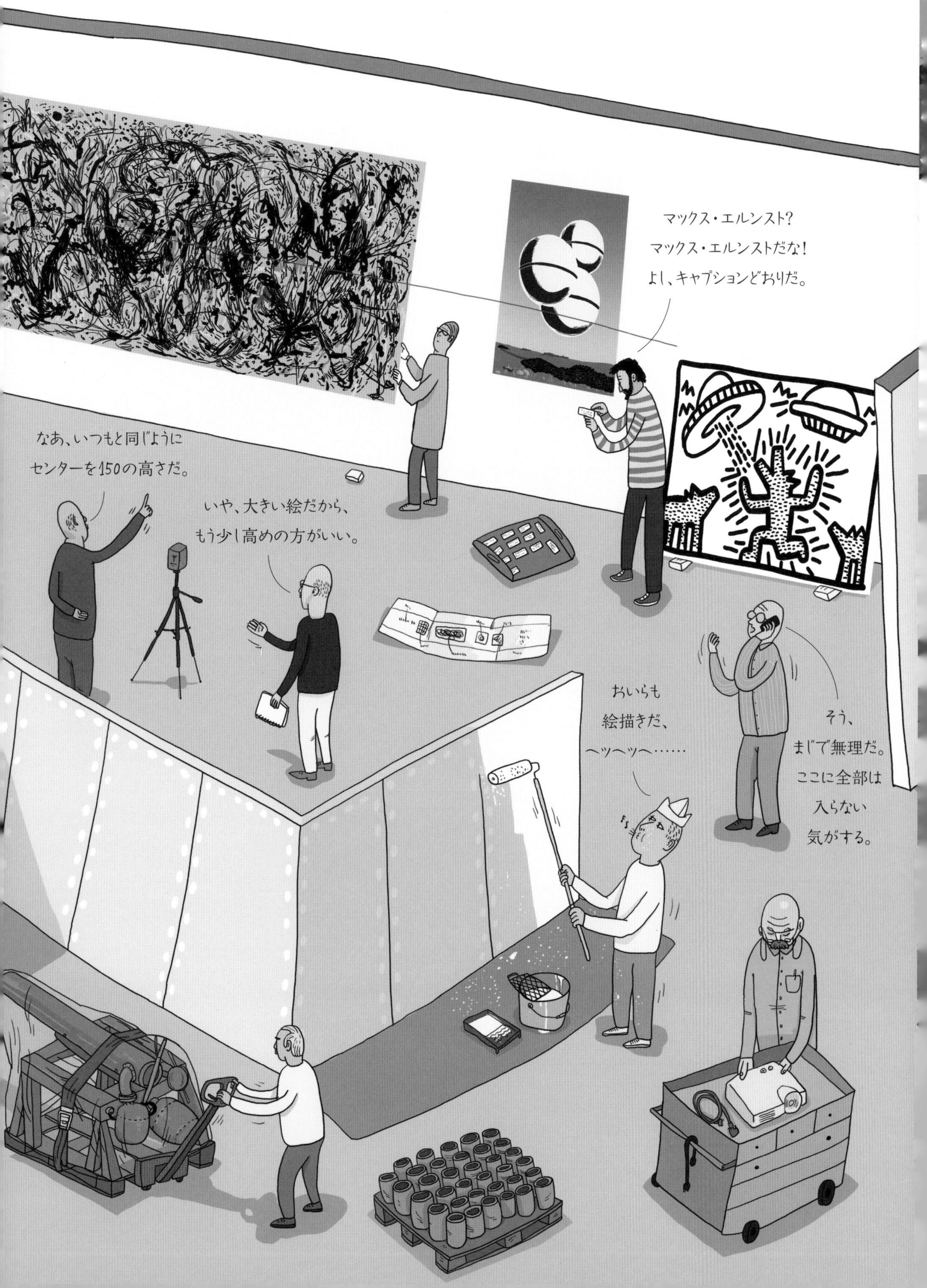

ついに展覧会の始まり！

展覧会の準備は完了。準備のあいだに直面した問題も、美術館のチームがすべて解決。

記者会見

まずはじめに、新聞に記事を書く記者や、テレビ番組を撮影する関係者が展覧会に呼ばれます。美術館では、かれらを対象にした記者会見が開催されます。長いテーブルには、通常、館長、学芸員、広報担当が着席します。マイクを順番に回しながら、展覧会の重要なポイントをそれぞれの視点から語っていきます。対面するかたちで記者が座り、議論を補足する質問をします。よくあるのが、一番高い美術品はどれですか、という質問。

内覧会

内覧会とは、展覧会の晴れやかなオープニングのこと。著名《ちょめい》なゲストだけでなく、展覧会に関係したすべての人が招待されます。このようなお祝いの晩《ばん》も、館長と担当学芸員がすこし話をします。内覧会では、一番乗りで展覧会を観ることができるほか、興味ぶかい人たちに会うこともできます。開会の挨拶《あいさつ》と乾杯《かんぱい》のあと、軽食が出されます。タダで飲み食いできるから内覧会が好きだと言う人もいます。内覧会翌日、展覧会は一般に開放されます。来館者が多ければ多いほど、展覧会の準備に関わった人たちは皆、幸せを感じ、満足感をおぼえます。

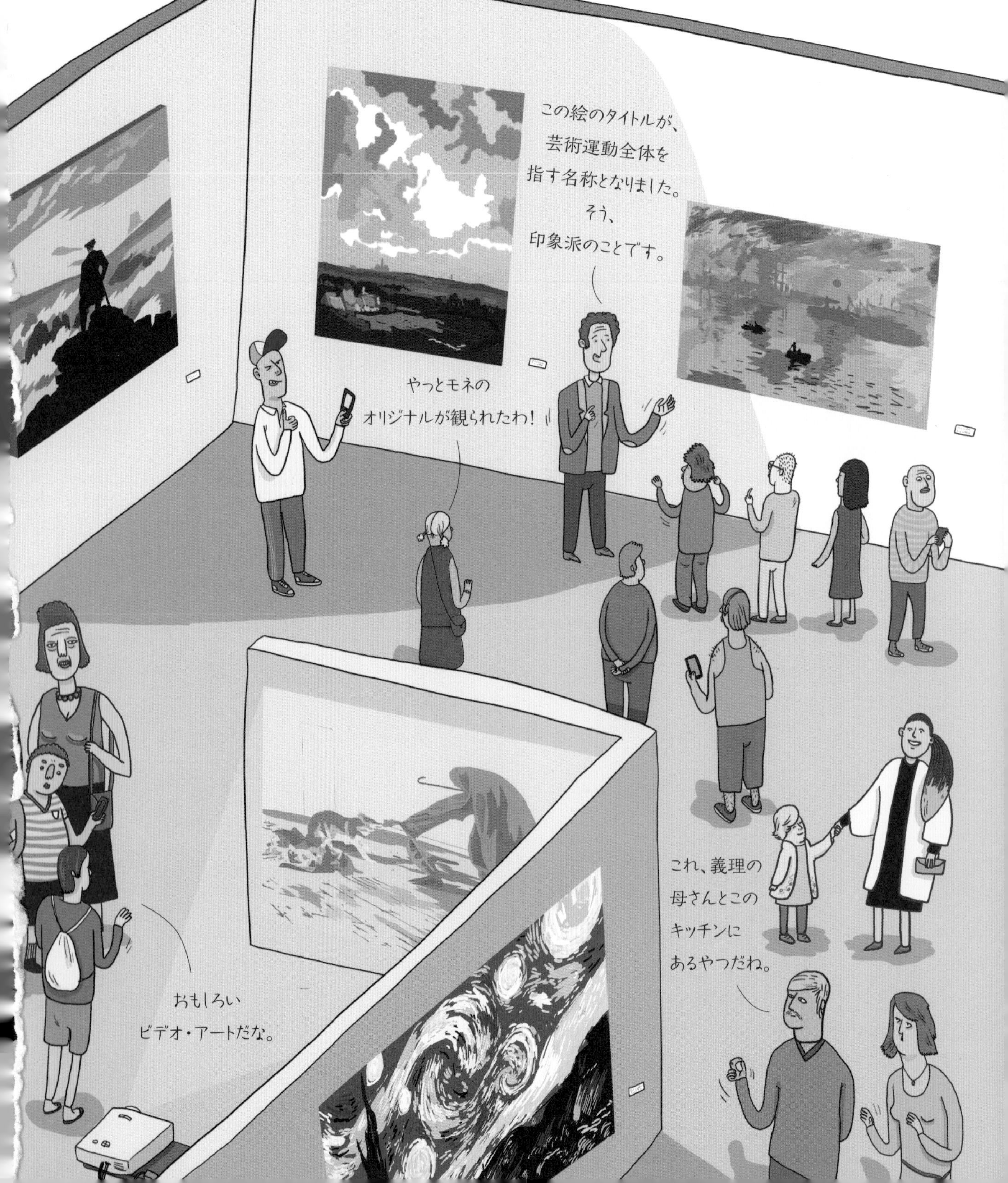

展覧会

〈謎の庭園〉

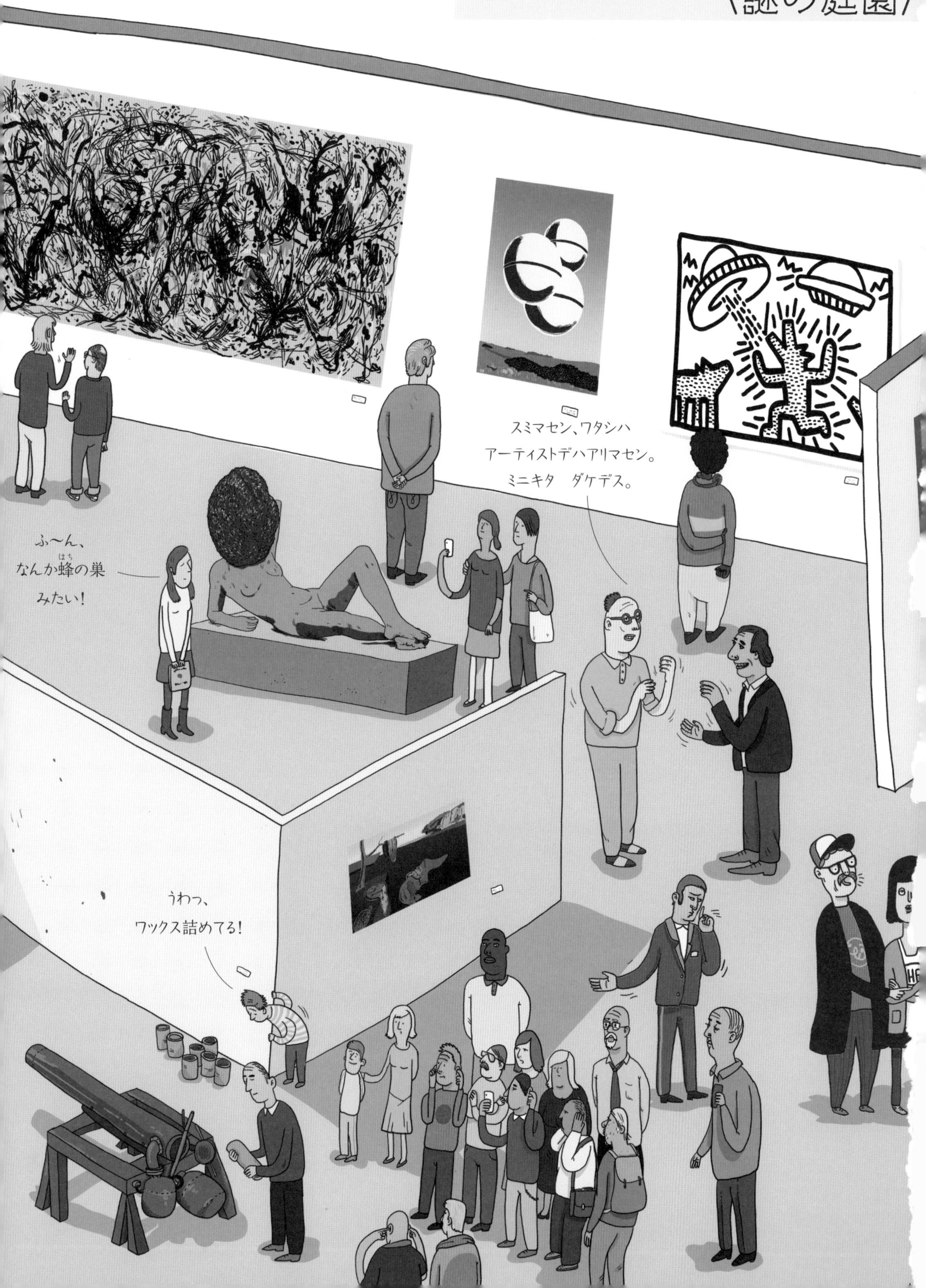
スミマセン、ワタシハ
アーティストデハアリマセン。
ミニキタ　ダケデス。
ふ〜ん、
なんか蜂《はち》の巣
みたい!
うわっ、
ワックス詰めてる!

美術館の大事件

昨日、〈謎の庭園〉展の内覧会に参加した人は、歴史的出来事に立ちあうことができたという思いを抱いて、会場をあとにしたにちがいない。世界中の高名な美術館から集められた傑作が一堂に会するのを目にしたからではない。子ども心を持ち合わせている人であれば、キュレーターが〈謎の庭園〉の展示に潜《ひそ》ませた物語をただちに理解するはず。だが、同展は鑑賞者に難しいことを要求しているわけではない。太古から人間を悩ましてきた素朴な問いを投げかけているだけなのだ——「私たちは何者か?」「私たちはどこから来たのか?」「そしてどこへ行くのか?」。このような問いかけを、芸術を介して考えることは、多くを学ぶだけではなく、楽しいものになることを〈謎の庭園〉は教えてくれる。このような目的を実現するため、美術館が披露したのは、歴史を横断する唯一無二の作品のセレクション。数世紀前の絵画や彫刻を、現代アート作品のすぐ横に並べる。それはリスクを伴うが、〈謎の庭園〉はそのような挑戦をするだけの価値があることを証明してみせたのだ。展示品を結びつけるのは、制作時期や材料ではなく、作品が表現している理念のみ。〈謎の庭園〉展のために国外の一流美術館から多くのマスター・ピースを借用した関係者の仕事ぶりは称賛に値する。展覧会のグラフィックや展示デザインも、鑑賞者に忘《わす》れ難《がた》い経験をもたらしている。

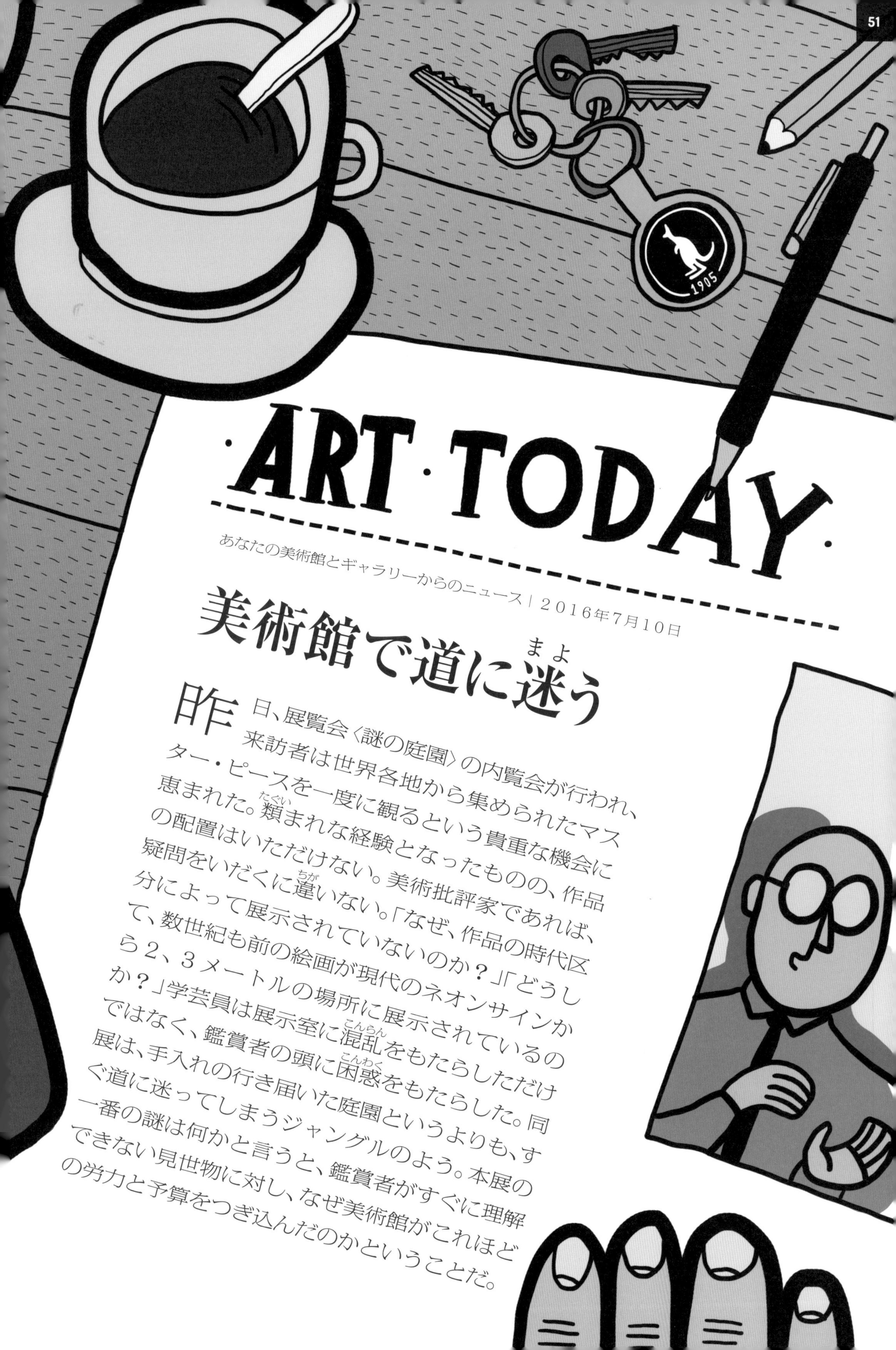

·ART·TODAY·

あなたの美術館とギャラリーからのニュース｜2016年7月10日

美術館で道に迷《まよ》う

昨日、展覧会〈謎の庭園〉の内覧会が行われ、来訪者は世界各地から集められたマスター・ピースを一度に観るという貴重な機会に恵まれた。類《たぐい》まれな経験となったものの、作品の配置はいただけない。美術批評家であれば、疑問をいだくに違《ちが》いない。「なぜ、作品の時代区分によって展示されていないのか？」「どうして、数世紀も前の絵画が現代のネオンサインから２、３メートルの場所に展示されているのか？」学芸員は展示室に混乱《こんらん》をもたらしただけではなく、鑑賞者の頭に困惑《こんわく》をもたらした。同展は、手入れの行き届いた庭園というよりも、すぐ道に迷ってしまうジャングルのよう。本展の一番の謎は何かと言うと、鑑賞者がすぐに理解できない見世物に対し、なぜ美術館がこれほどの労力と予算をつぎ込んだのかということだ。

鑑賞のヒント

アートは、いったいどこにあるの？

美術品が展示されるのは——もうお分かりでしょうが——美術館です。作品がなければ、美術館は、ただの空っぽの建物です。だから、この本でも、たくさんの絵がほぼすべてのページで紹介されています。ひと目見ただけでは、美術品だと気づかないかもしれません。現実の生活への接近を試みる現代アートの場合はとくにそうです。この章では、この本にどういった作品が載っていたかをお見せしましょう。また、この章を読めば、作品がいつ、どこでつくられたのか、タイトルは何かも知ることができます。さて、この本に出てきた美術作品をぜんぶ見つけられるかな？

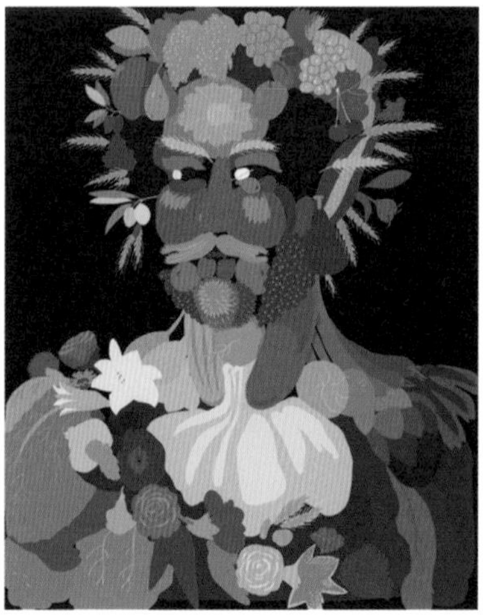

ジュゼッペ・アルチンボルド
ウェルトゥムヌスとしてのルドルフ2世
1590〜91年

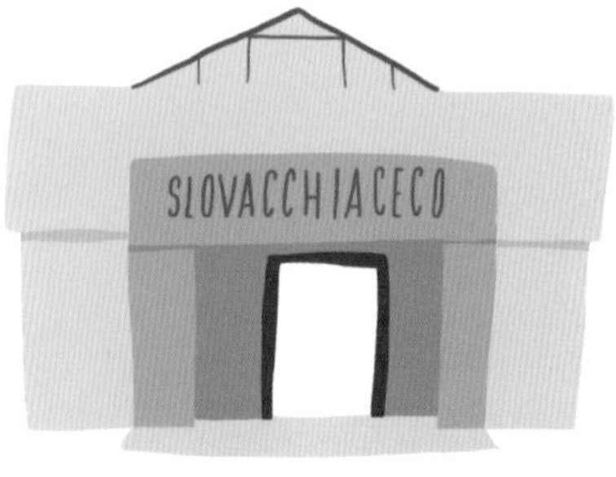

トマーシュ・ジャドニュ
スロヴァッキアチェッコ
2014年

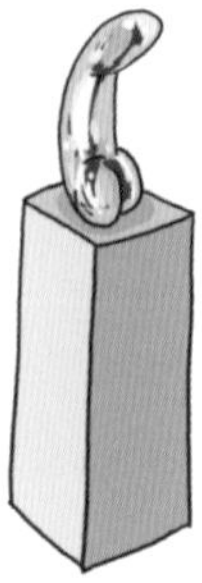

コンスタンティン・ブランクーシ
王妃《おうひ》X
1915〜16年

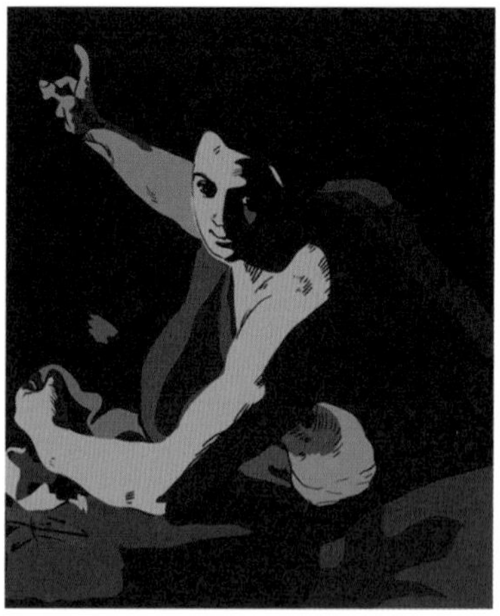

フランチェスコ・ソリメーナ
洗礼者聖《せんれいしゃせい》ヨハネ
1730年頃

TO SEE AND BE SEEN

ローレンス・ウェイナー 見ることと見られること 1972年

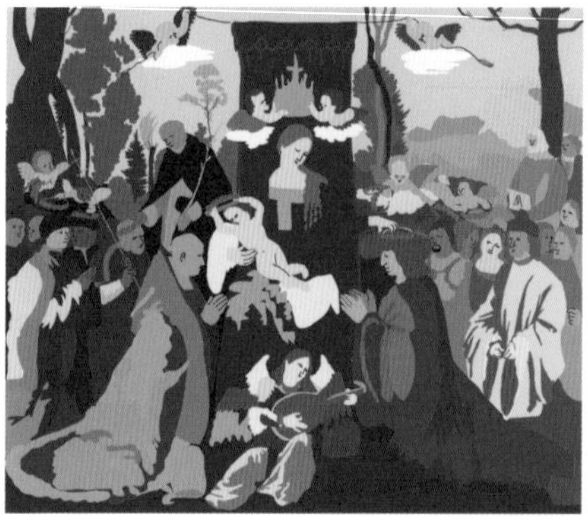

アルブレヒト・デューラー
茨《いばら》の冠《かんむり》の祝祭
1506年

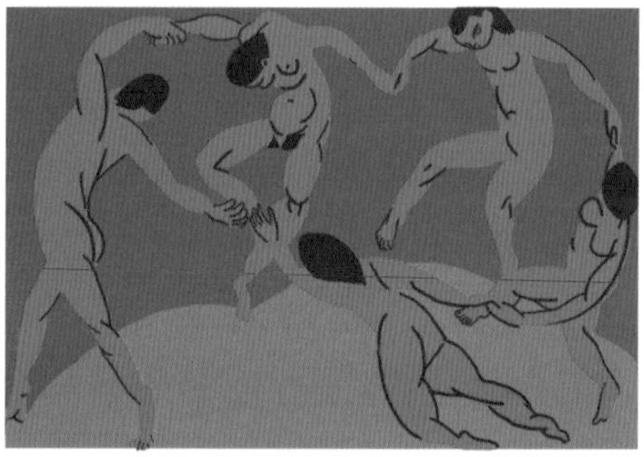

アンリ・マティス
ダンス
1910年

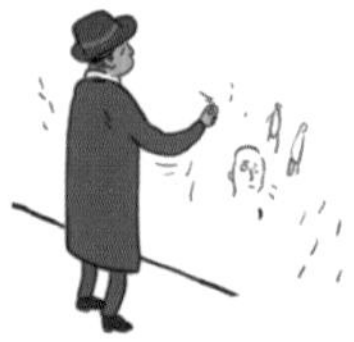

ヴラジミール・ボウドニーク
プラハの路上でのアクション
1949〜53年

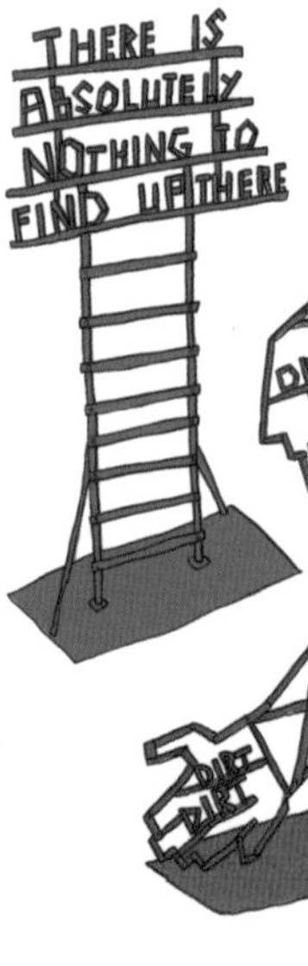

オラフ・ブラウニング
夢／汚れ、この上ではまったく何も見つからない
2013年

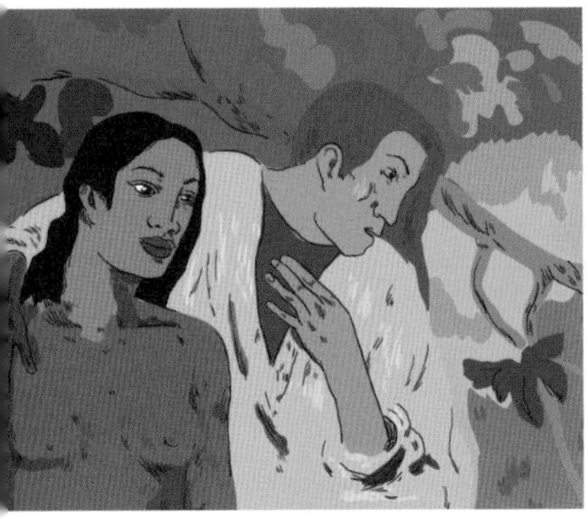

ポール・ゴーギャン
逃走
1902年

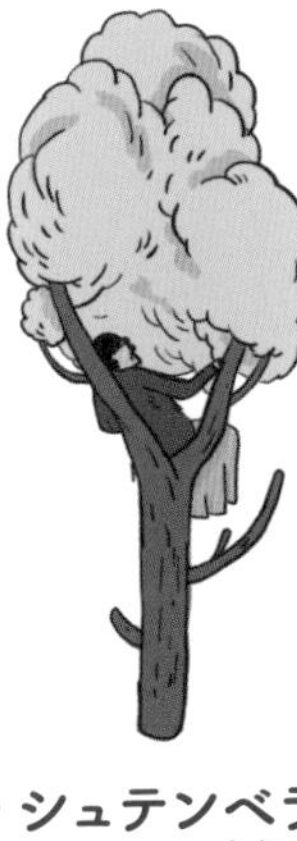

ペトル・シュテンベラ
木のうえで眠《ねむ》る
1975年

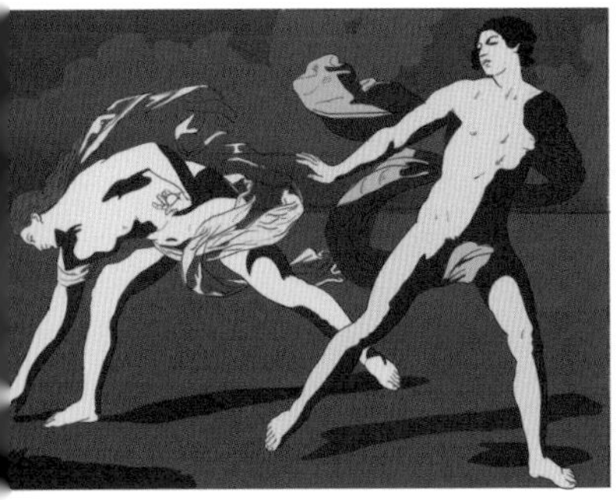

グイド・レーニ
アタランテとヒッポメネス
1620〜25年

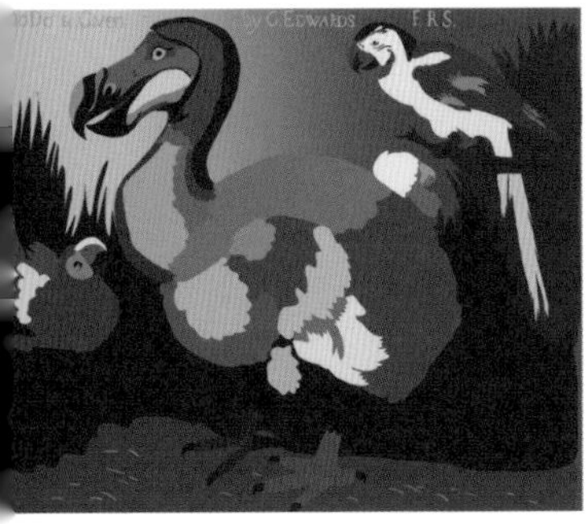

ルーラント・サーフェリー
ドードー
1626年

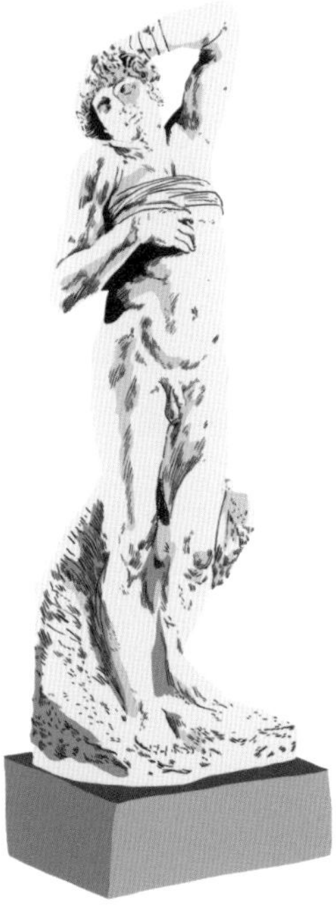

ミケランジェロ・ブオナローティ
瀕死の奴隷
1513〜15年

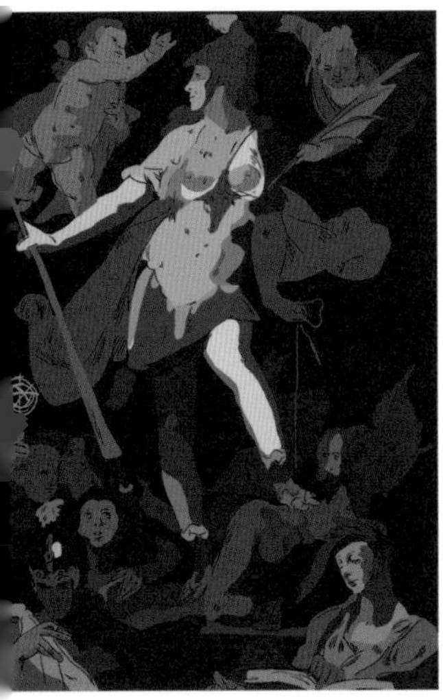

バルトロメウス・スプランヘル
無知に勝利するミネルヴァ
1591年

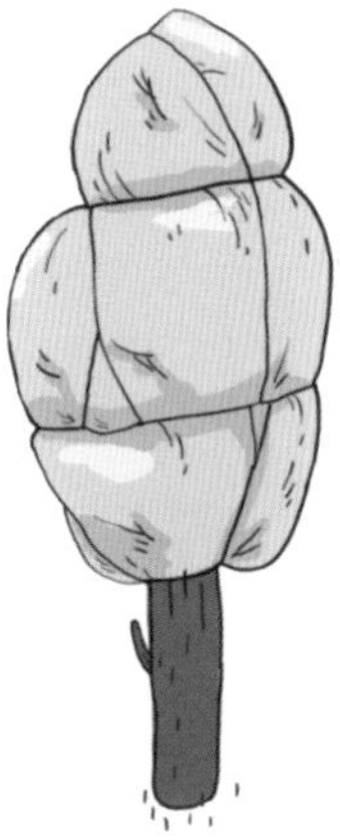

クリストとジャンヌ゠クロード
包まれた木
1997〜98年

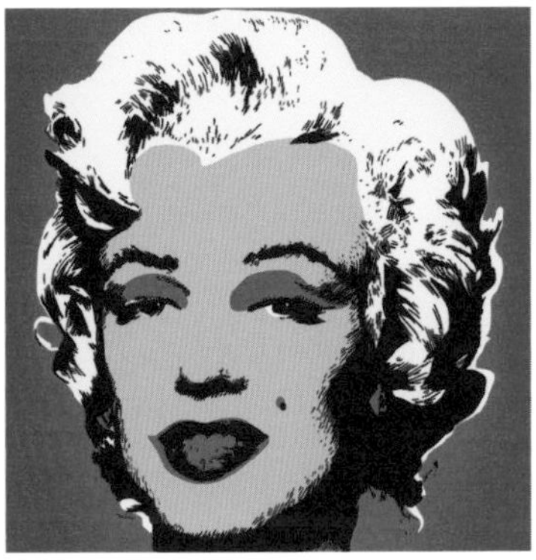

アンディ・ウォーホル
マリリン・モンロー
1967年

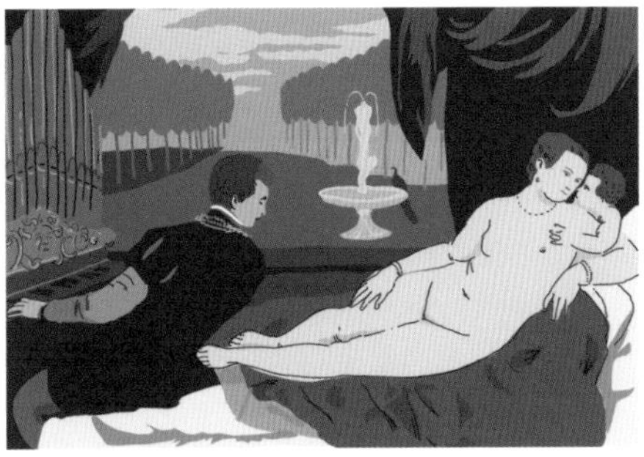

ティツィアーノ・ヴェチェッリオ
ヴィーナスとオルガン奏者《そうしや》
1550年

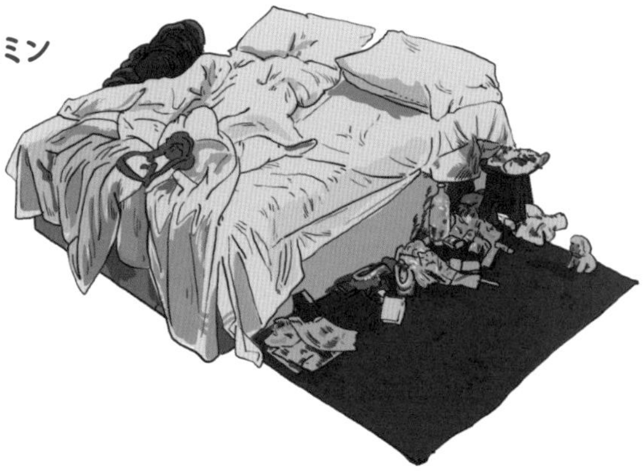

トレイシー・エミン
マイ・ベッド
1998年

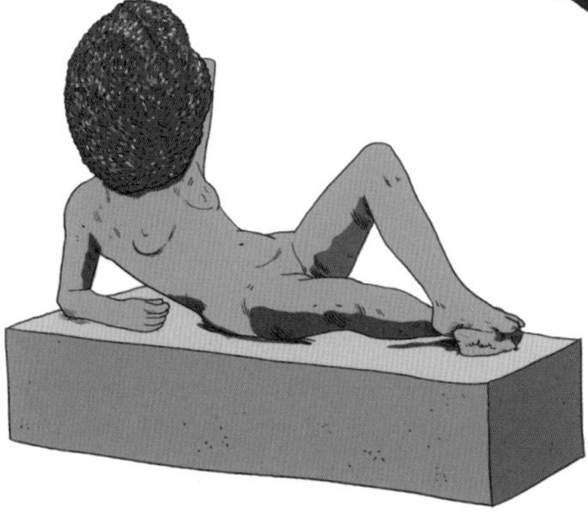

ピエール・ユイグ
無題
2012年

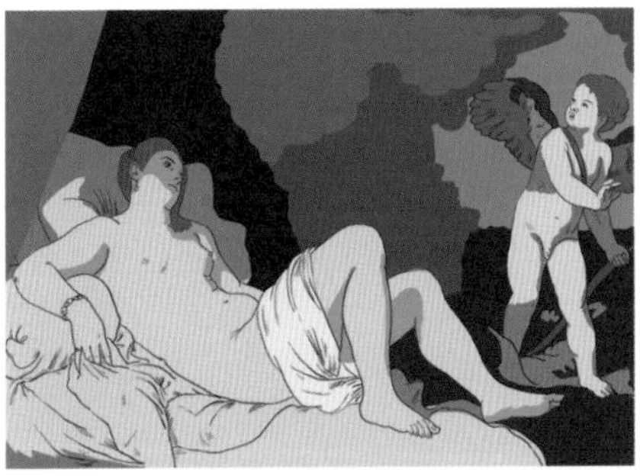

ティツィアーノ・ヴェチェッリオ
ダナエと黄金の雨
1544〜45年

ジャクソン・ポロック
秋のリズム：No.30
1950年

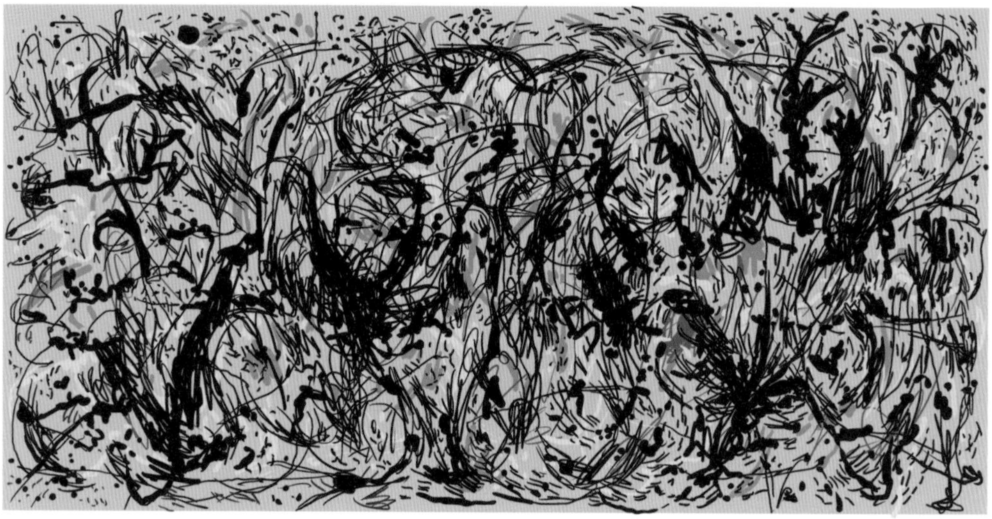

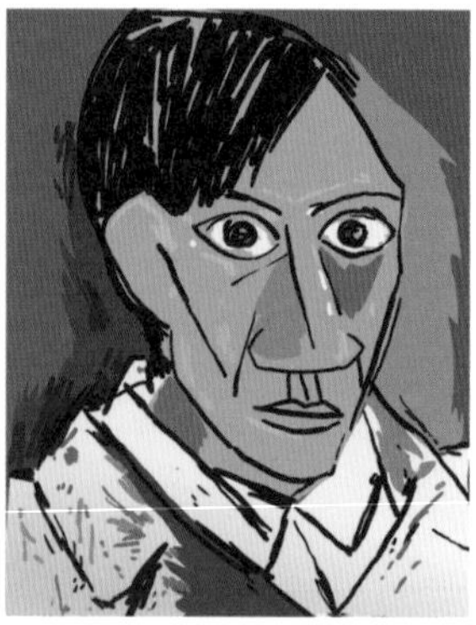

パブロ・ピカソ
自画像
1907年

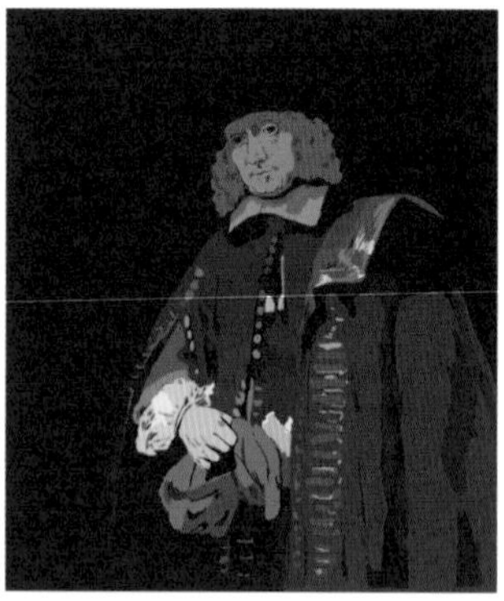

レンブラント・ファン・レイン
ヤン・シックスの肖像
1654年

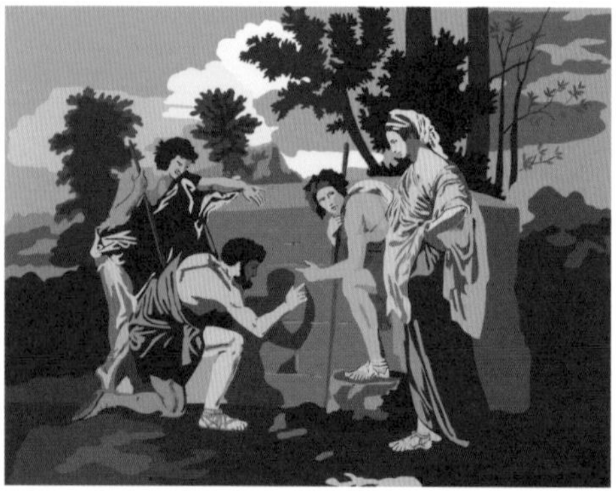

ニコラ・プッサン
アルカディアの牧人たち
1640年

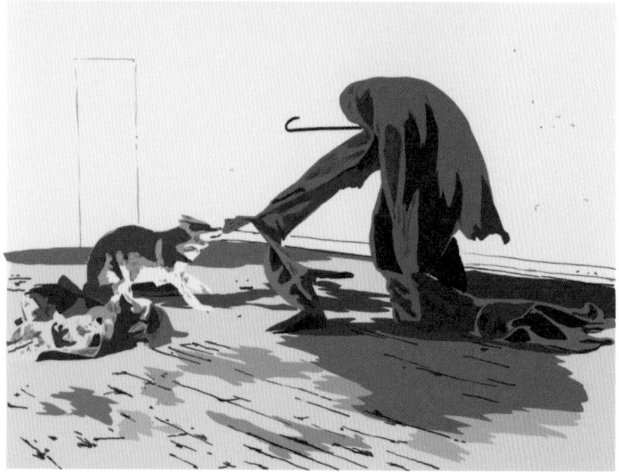

ヨーゼフ・ボイス
私はアメリカが好き、アメリカも私が好き
1974年

アニッシュ・カプーア
角への砲撃《ほうげき》
2009年

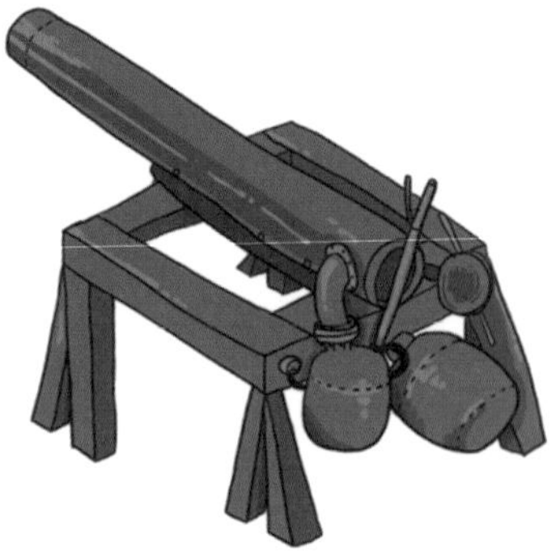

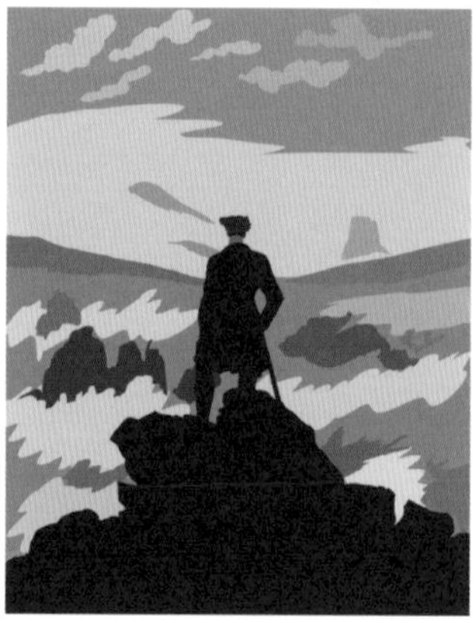

カスパー・ダーヴィト・フリードリヒ
雲海の上の旅人
1818年

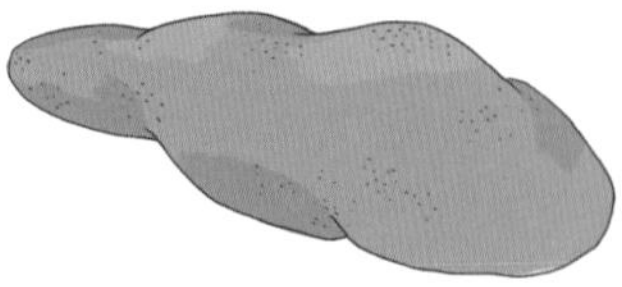

ロジャー・ハイロンズ
無題
2008年

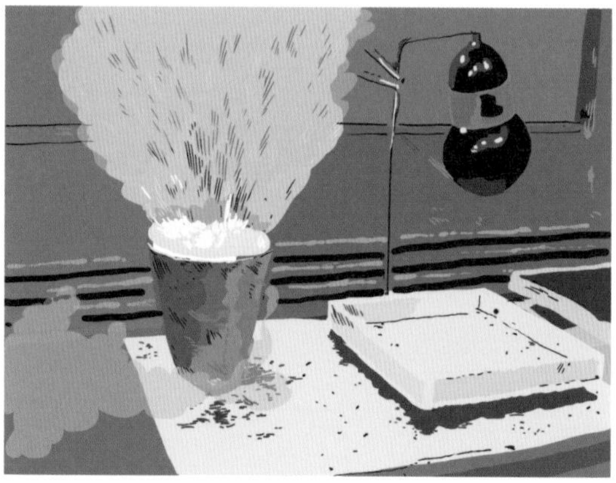

ペーター・フィッシュリ&ダヴィッド・ヴァイス
事の次第
1987年

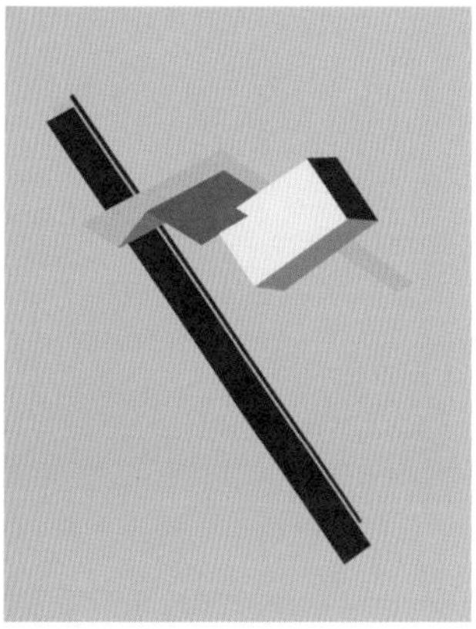

エル・リシツキー
プロウンGK
制作年不詳

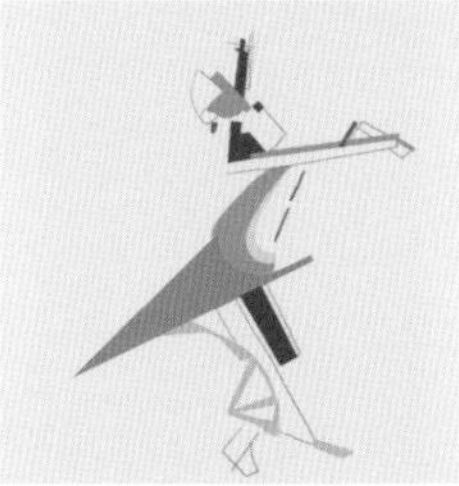

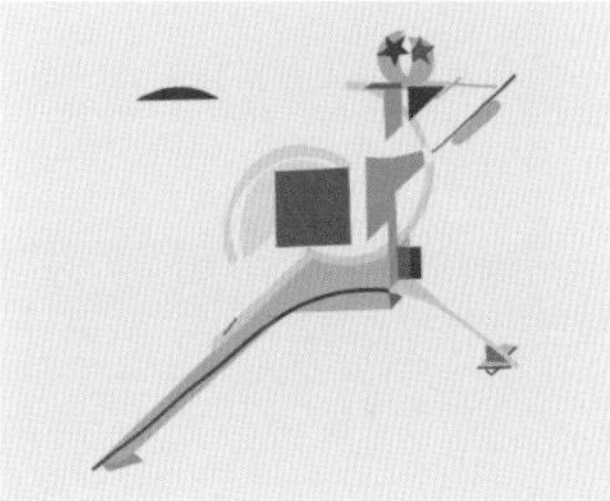

エル・リシツキー
新しい人間
制作年不詳

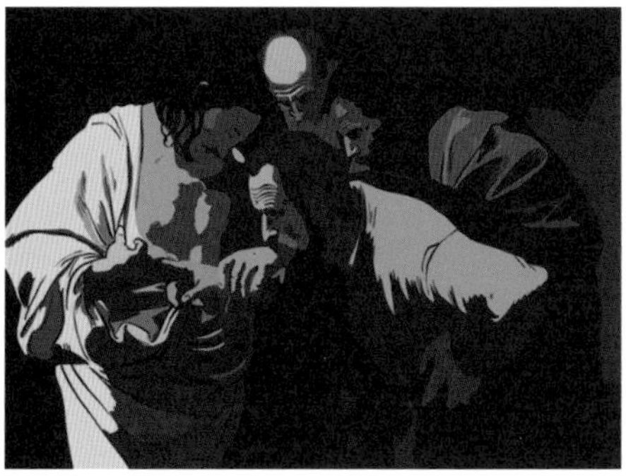

カラヴァッジョ
聖トマスの懐《かい》疑《ぎ》
1601～02年

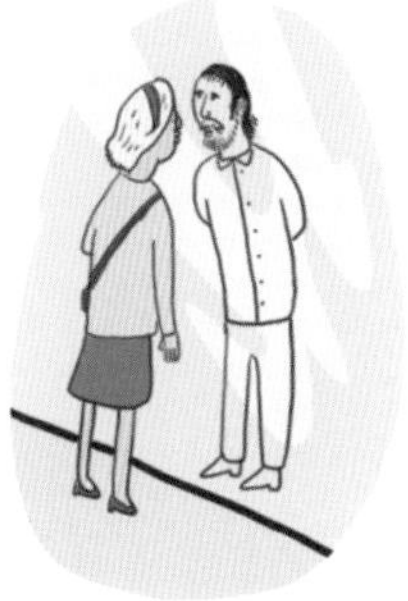

イジー・コヴァンダ
ガラス越しのキス
2007年

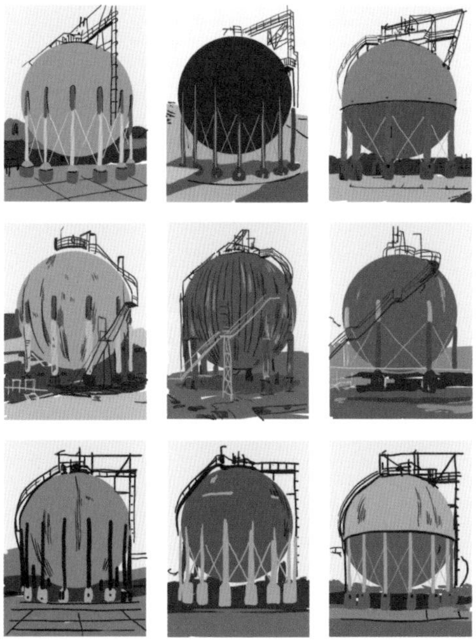

ベルント&ヒラ・ベッヒャー
ガスタンク
1983年

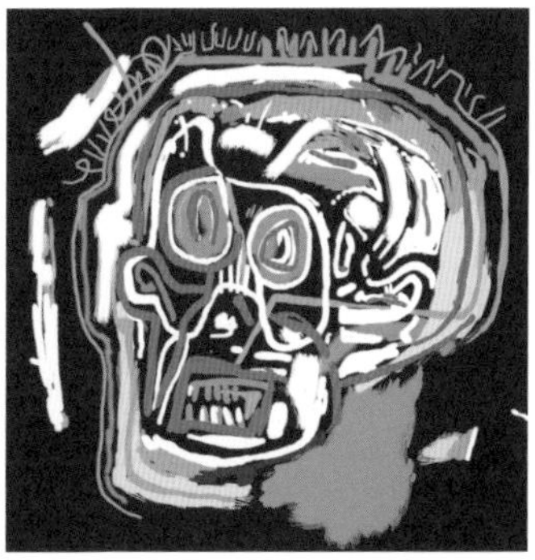

ジャン＝ミシェル・バスキア
ヘッド（頭部）
1983年

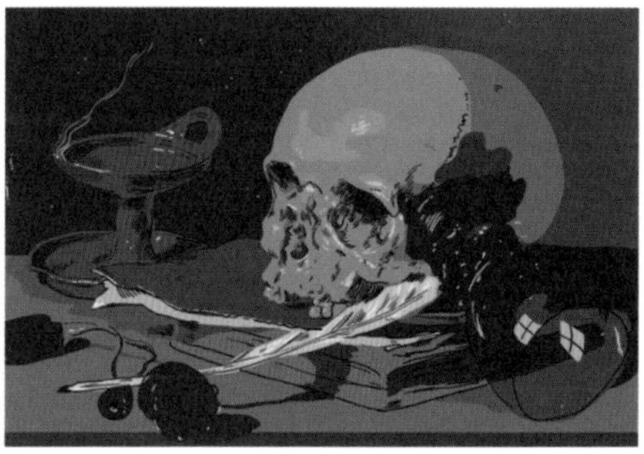

ピーテル・クラース
ヴァニタスの静物画
1628年

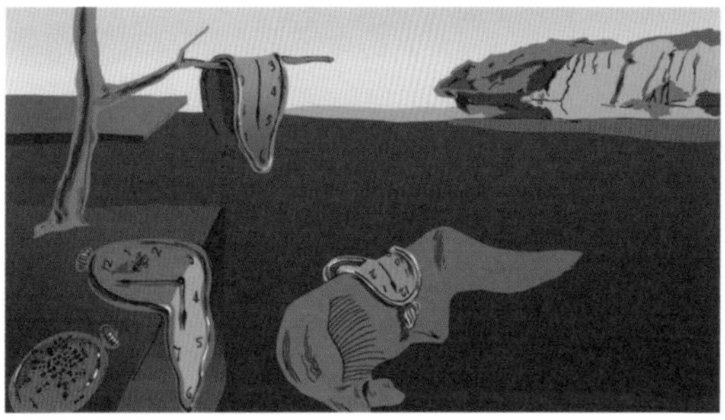

サルバドール・ダリ
記憶の固《こ》執《しつ》
1931年

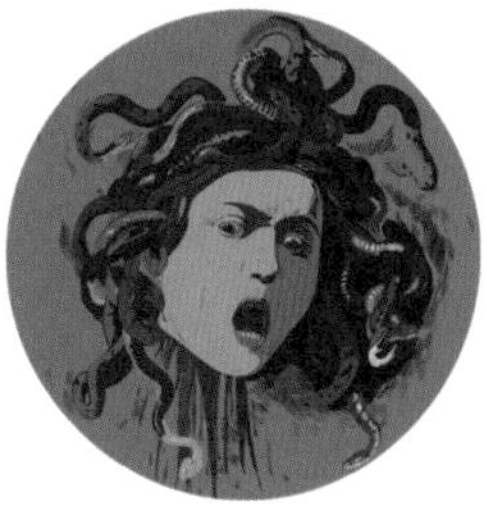

カラヴァッジョ
メデューサの首
1597年

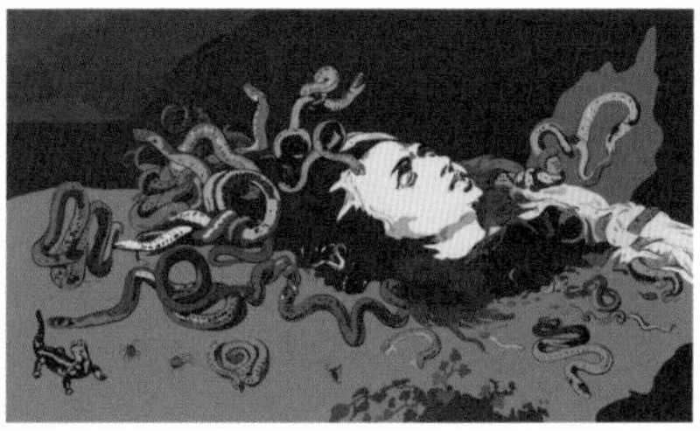

ピーテル・パウル・ルーベンス
メデューサの頭部
1617～18年

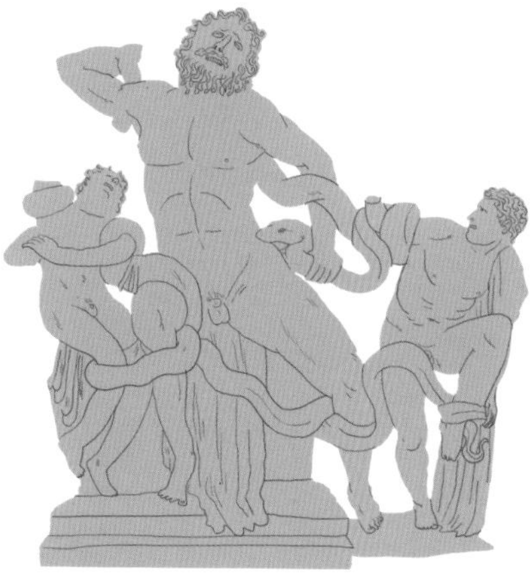

ラオコーン
紀元前200年頃

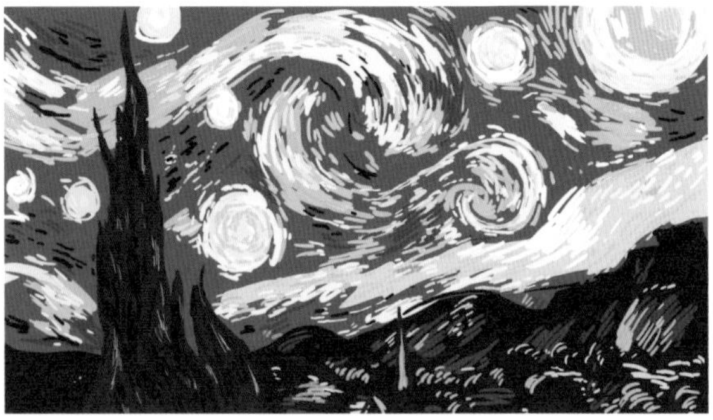

フィンセント・ファン・ゴッホ
星月夜
1889年

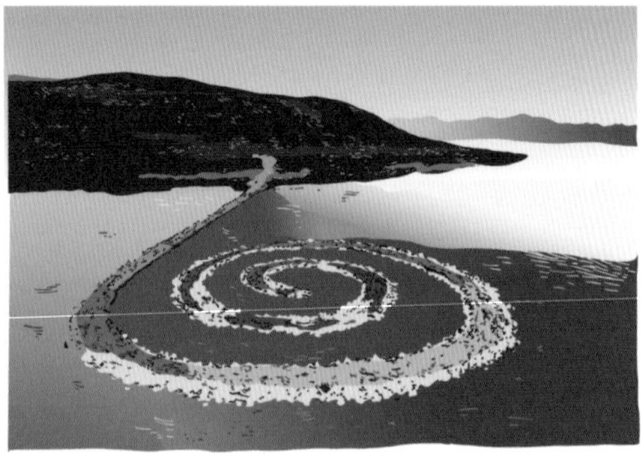

ロバート・スミッソン
スパイラル・ジェティ
1970年

ズデニェク・シーコラ
換《かん》気《き》塔《とう》のモザイク
1969年

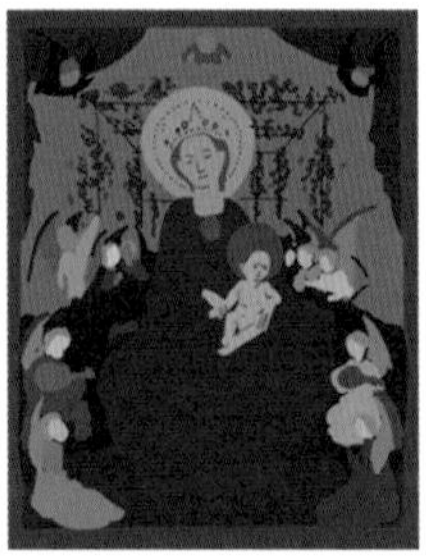

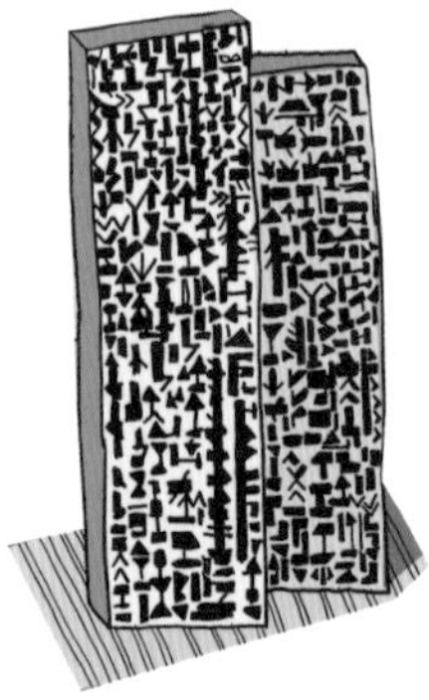

シュテファン・ロッホナー
薔《ば》薇《ら》垣《がき》の聖母
1440〜42年

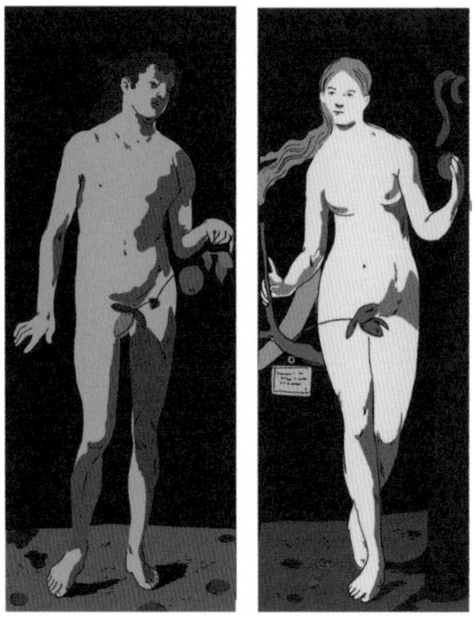

アルブレヒト・デューラー
アダムとイヴ
1507年

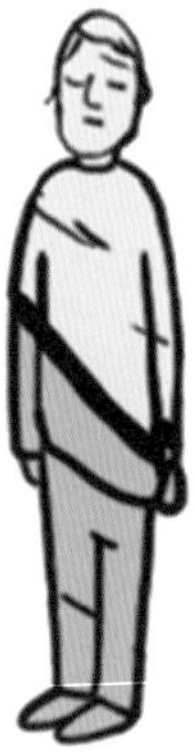

リウ・ボーリン
見えない男
2011年

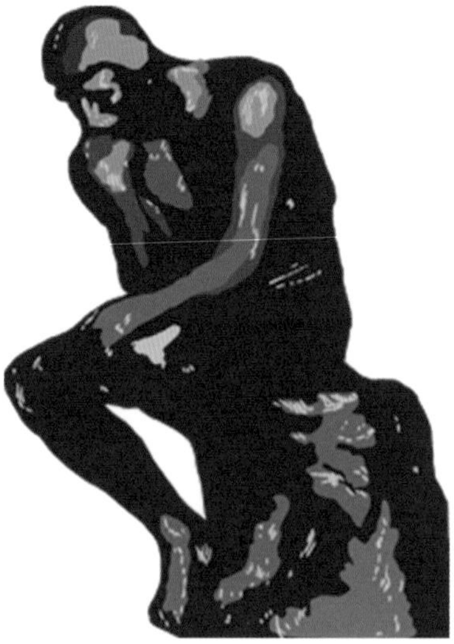

オーギュスト・ロダン
考える人
1882年

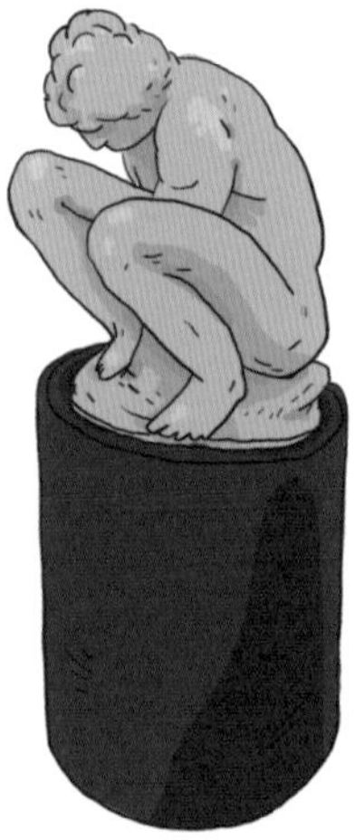

ミケランジェロ・ブオナローティ
うずくまる少年
1530年

ナム・ジュン・パイク
エレクトロニック・スーパー・ハイウェイ
1995〜96年

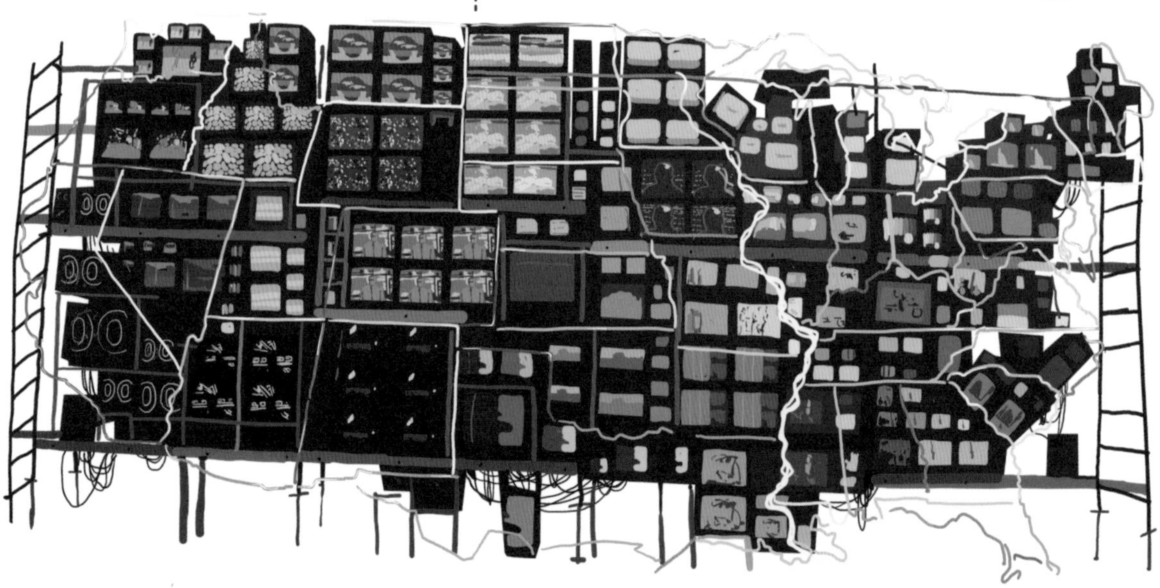

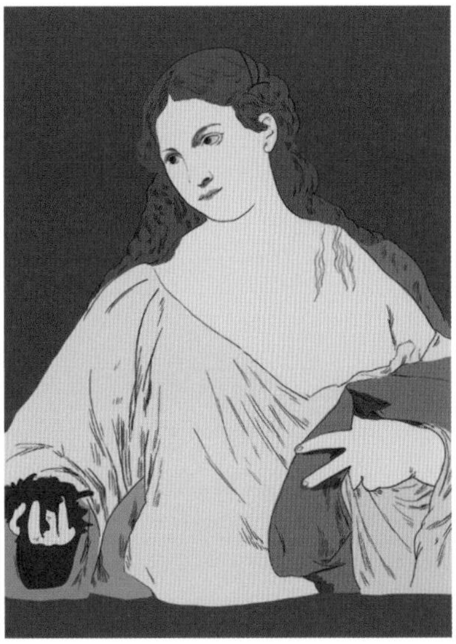

ティツィアーノ・ヴェチェッリオ
フローラ
1515年

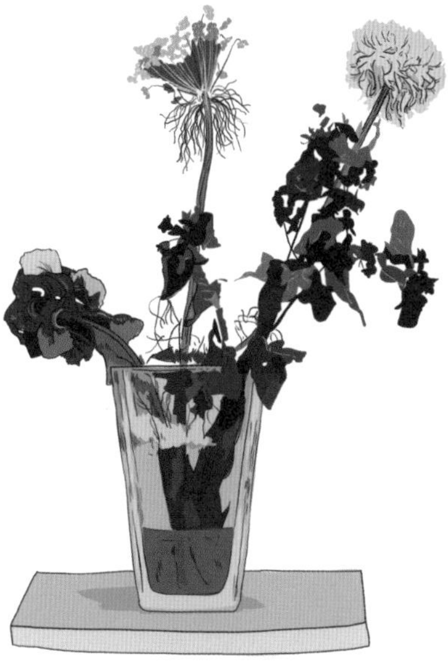

マレク・メドゥナ
私にいちばん
似合わない花を
選んでくれと
花屋の女性に
私は言った。
2007年

ディエゴ・ベラスケス
女官たち
1656年

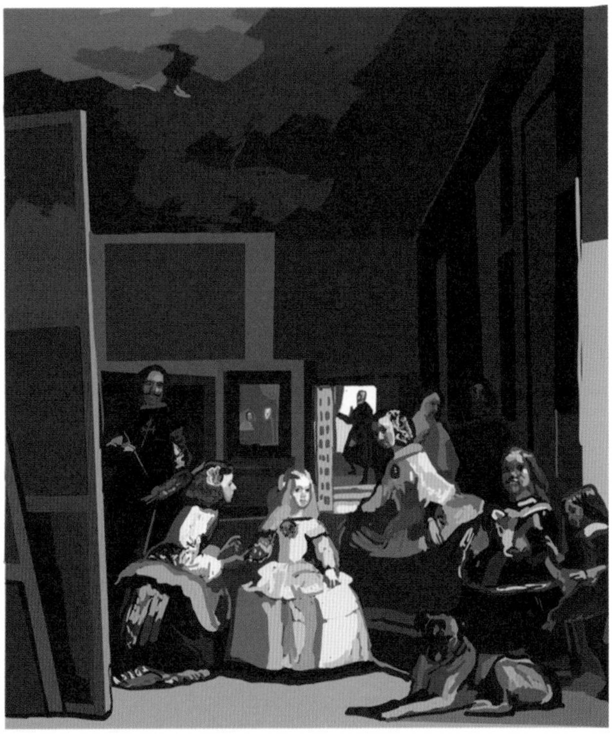

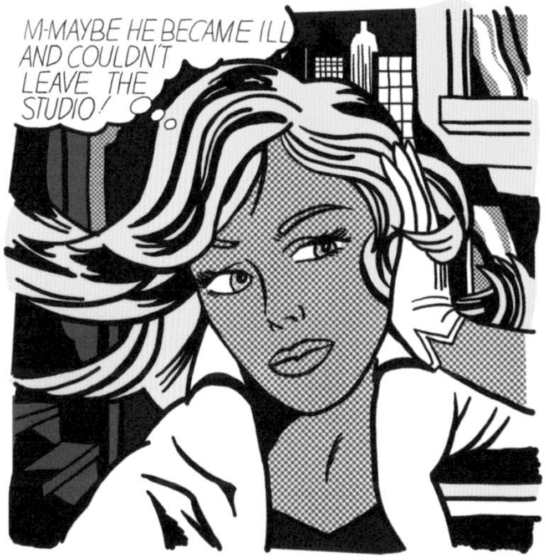

ロイ・リキテンスタイン
た、たぶん
1965年

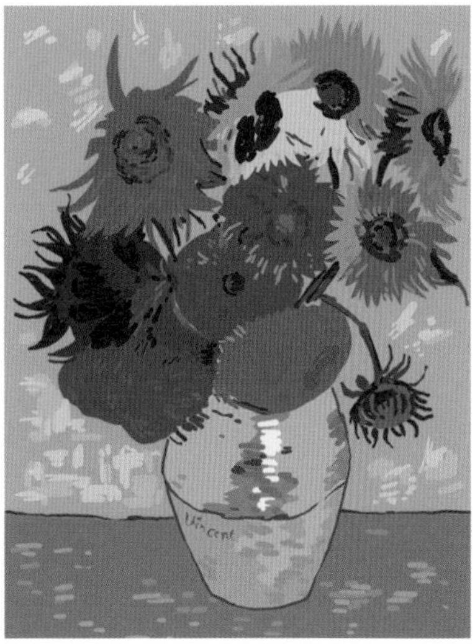

フィンセント・ファン・ゴッホ
ひまわり
1889年

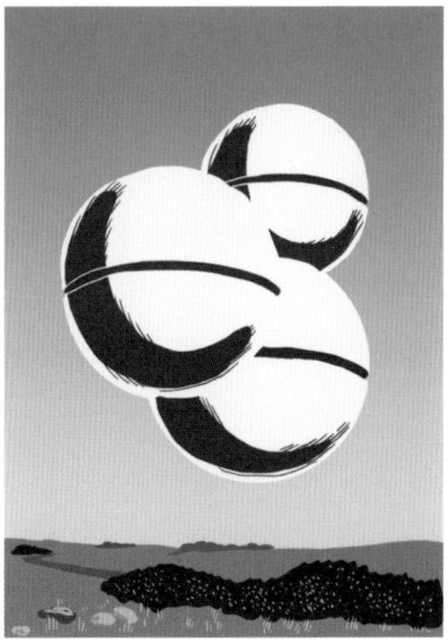

ルネ・マルグリット
風の声
1931年

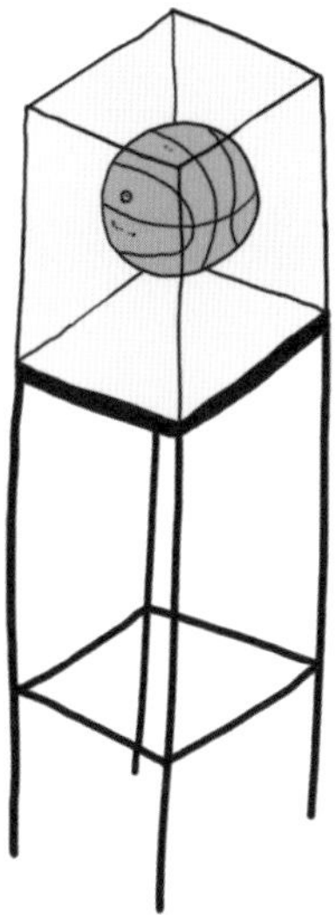

ジェフ・クーンズ
完全に平衡《へいこう》な
ワン・ボール・タンク
1995年

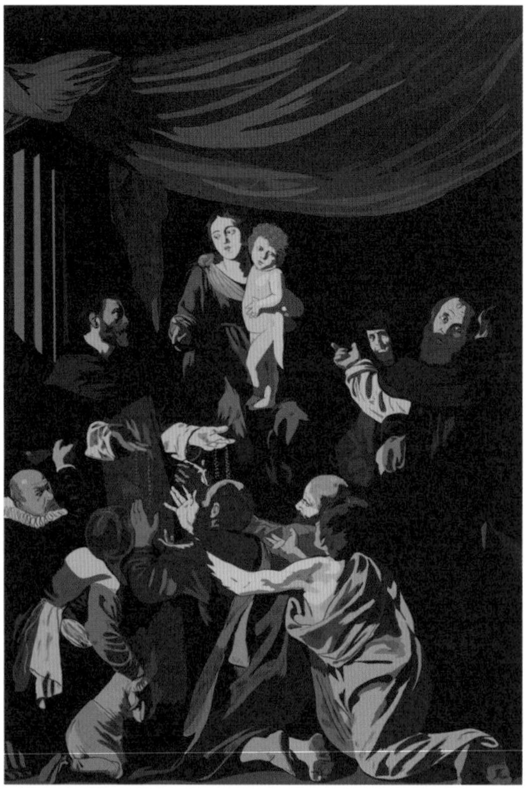

カラヴァッジョ
ロザリオの聖母
1607年

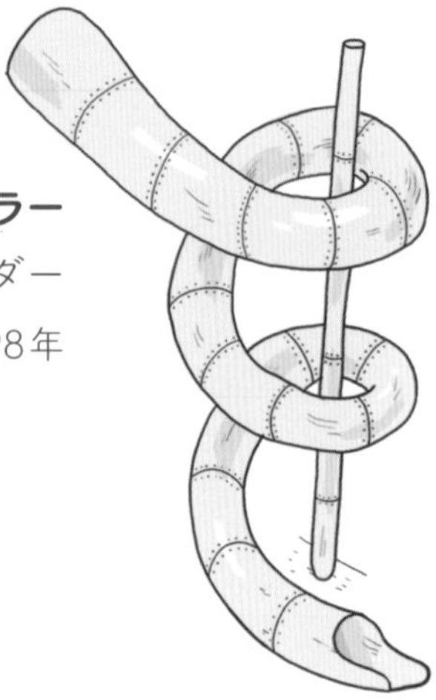

カーステン・ヘラー
スライダー
1998年

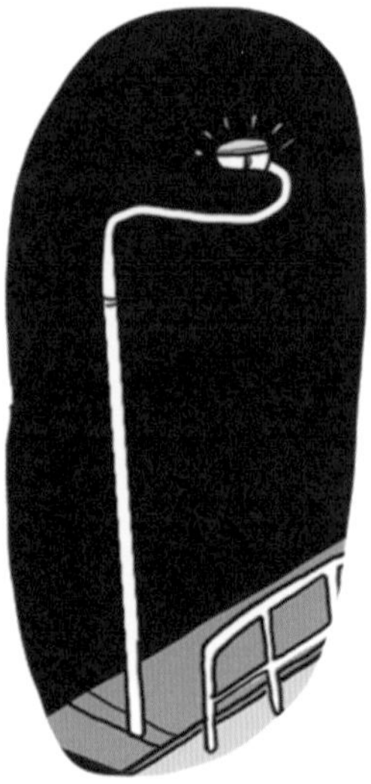

クリシュトフ・キンテラ
みずからの決意で
——メメント・モリ
2009〜11年

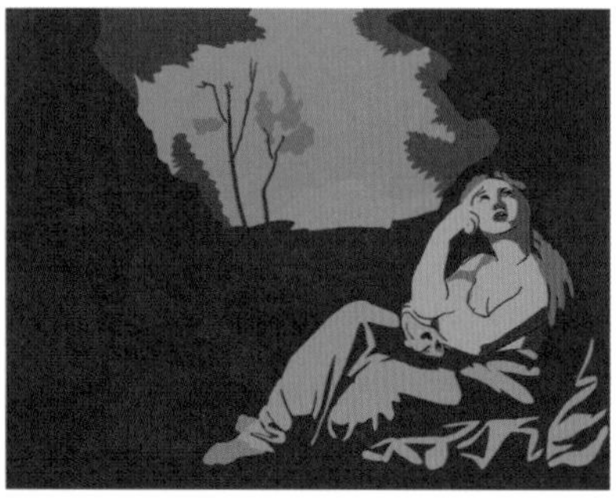

アンニーバレ・
カラッチ
悔悛《かいしゅん》する
マグダラのマリア
1598年

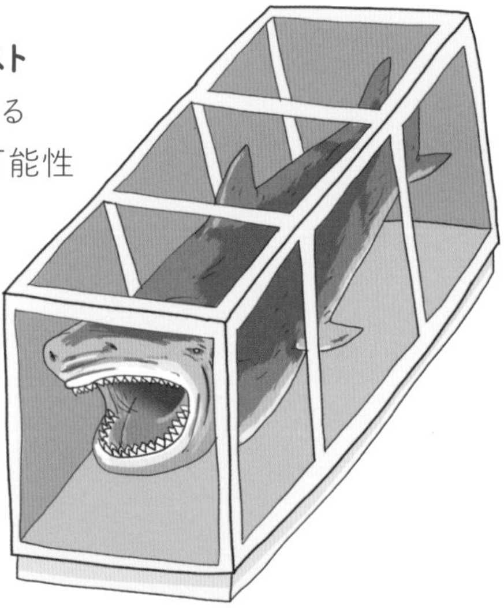

ダミアン・ハースト
生者の心における
死の物理的不可能性
1991年

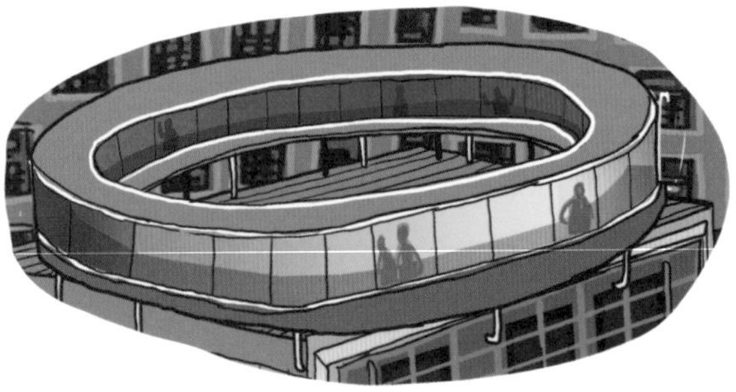

オラファー・エリアソン
虹《にじ》のパノラマ
2006〜11年

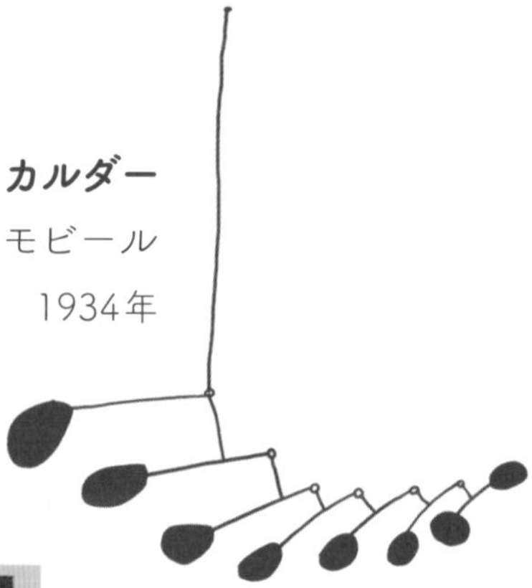

アレクサンダー・カルダー
モビール
1934年

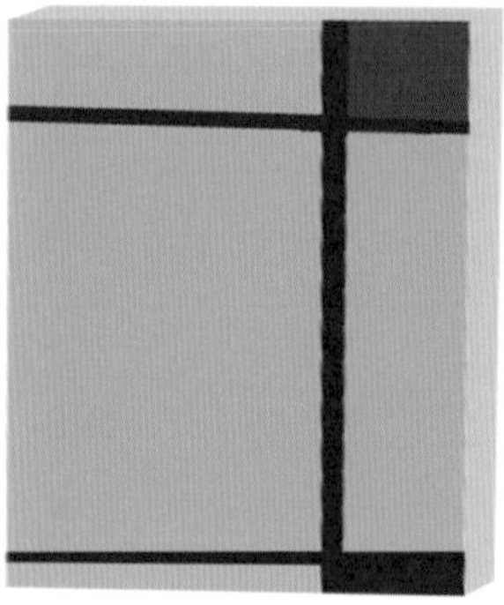

ピエト・モンドリアン
コンポジション
制作年不詳

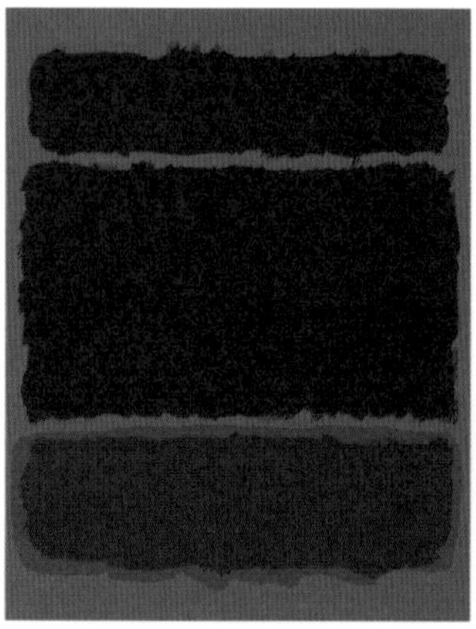

マーク・ロスコ
紅《くれない》に黒
1957年

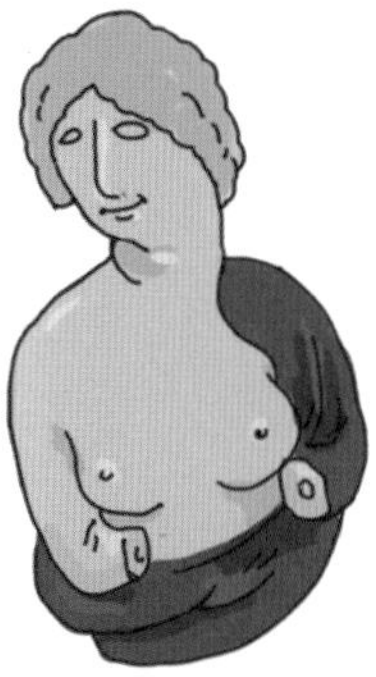

リチャード・コックル・ルーカス
フローラ
1840年以後

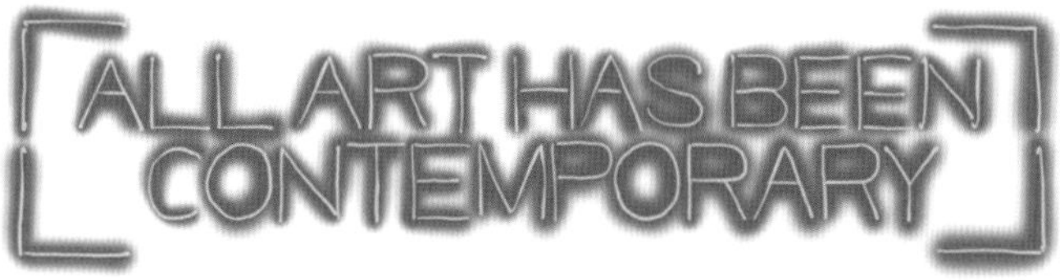

マウリツィオ・ナンヌッチ
あらゆる芸術は現代芸術だった
1999年

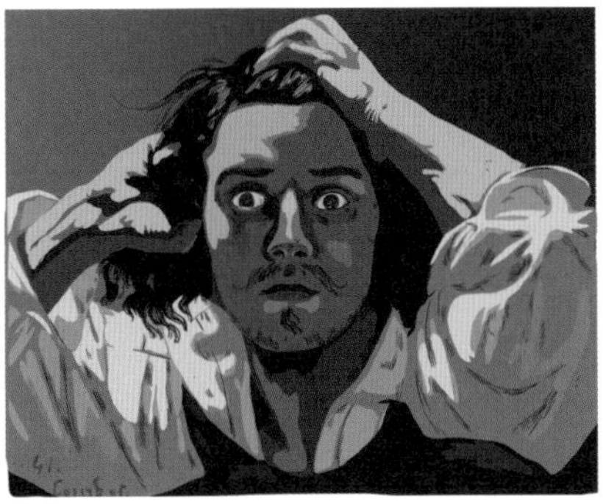

ギュスターヴ・クールベ
絶望（自画像）
1844〜45年

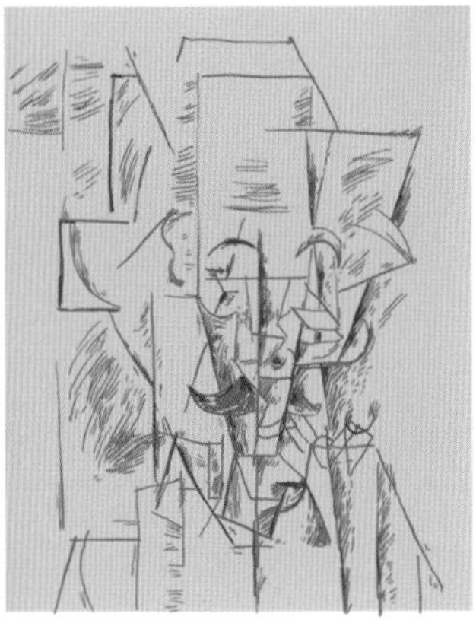

パブロ・ピカソ
スペイン人の男
制作年不詳

ジョセフ・コスース
1つと3つの椅子
1965年

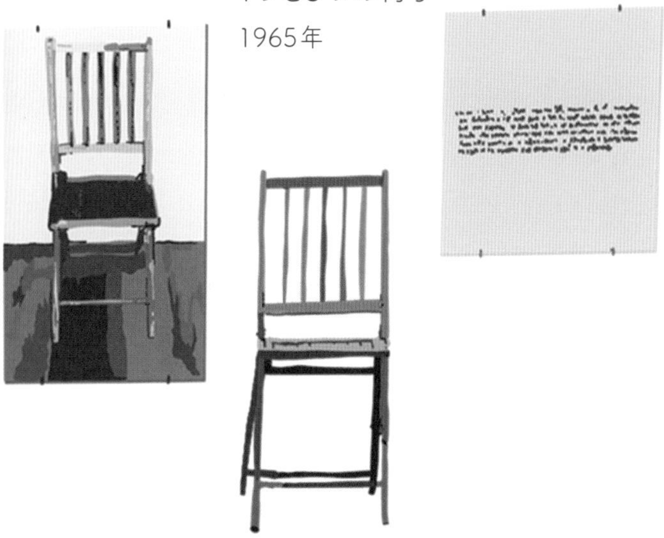

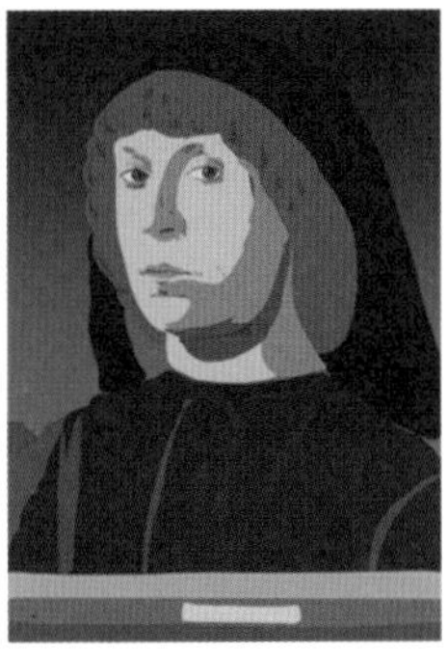

アントネッロ・ダ・メッシーナ
若い男の肖像
1478年

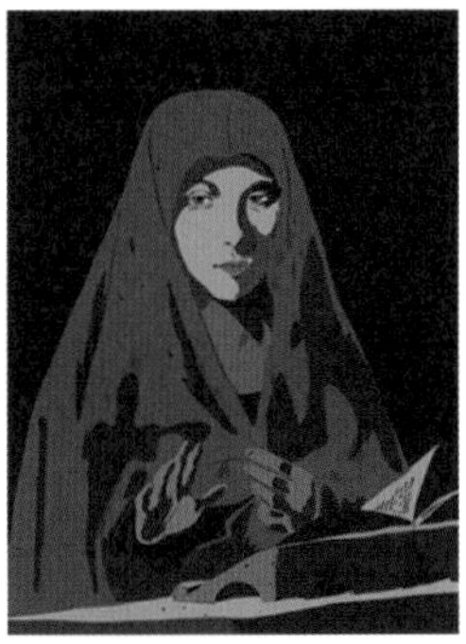

アントネッロ・ダ・メッシーナ
受胎《じゅたい》告知
1475年

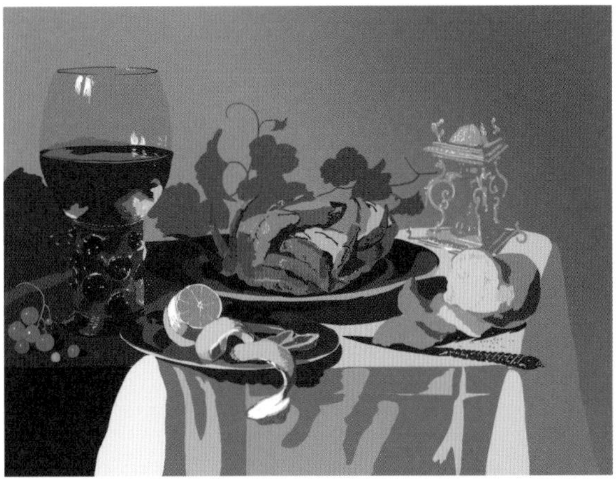

ピーテル・クラース
レーマー杯とカニ、
皮をむいたレモンの
ある静物
1525年

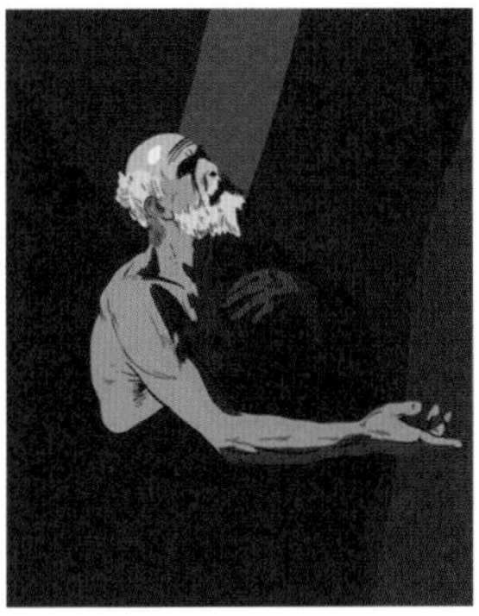

ホセ・デ・リベーラ
聖アンデレ
1620年

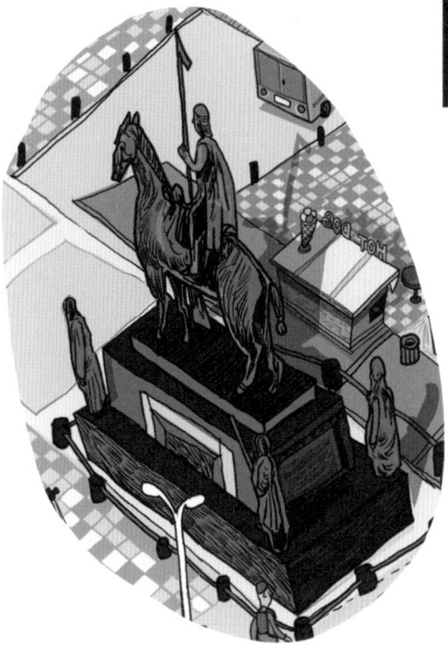

ヨゼフ・ヴァーツラフ・ミスルベク
聖ヴァーツラフ像
1887〜1924年

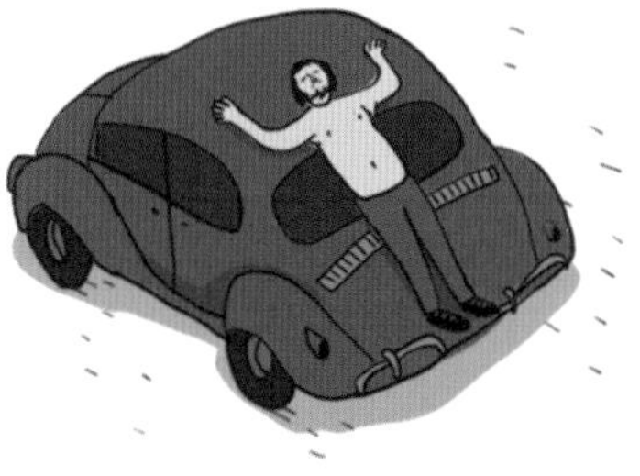

クリス・バーデン
磔《はりつけ》
1974年

ラファニ
公共空間の充溢《じゅういつ》
2006年

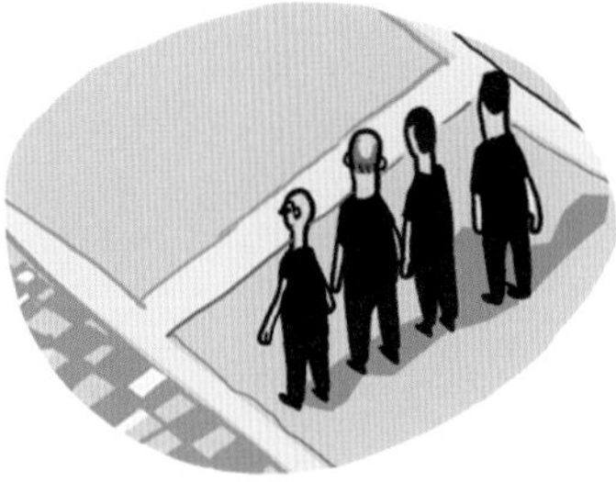

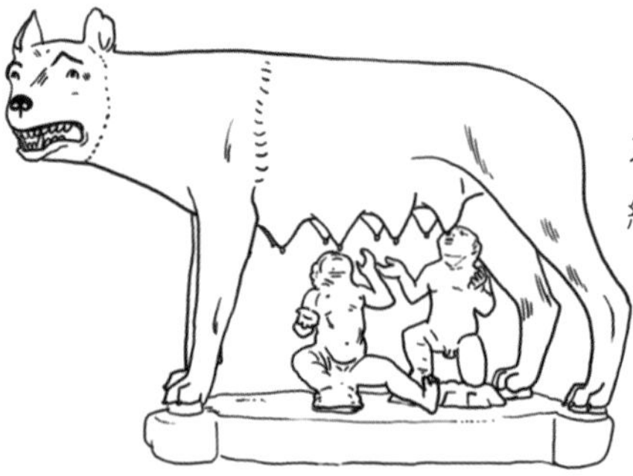

カピトリーノの雌狼《めすおおかみ》
紀元前6世紀

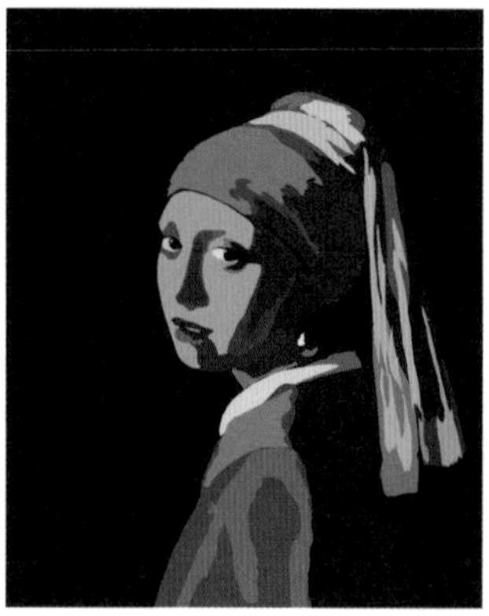

ヨハネス・フェルメール
真珠《しんじゅ》の耳飾りの少女
1665年

ジュゼッペ・アルチンボルド
フローラ
1588年

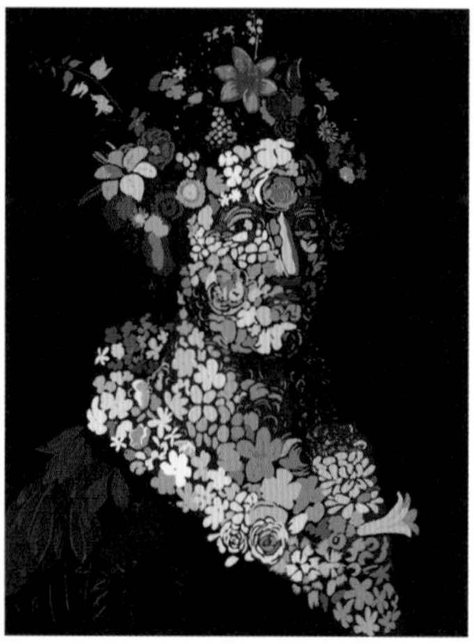

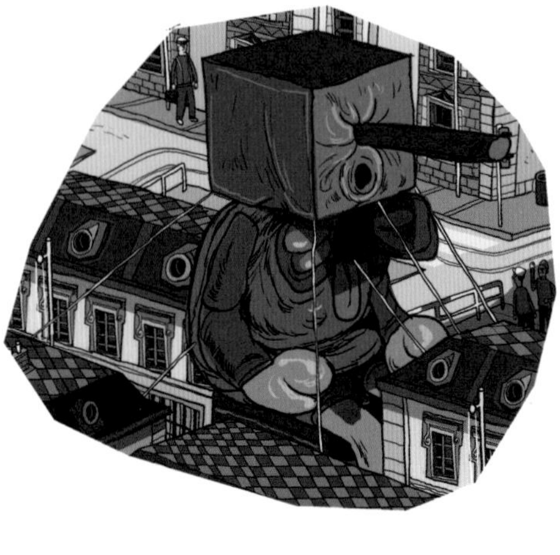

ポール・マッカーシー
ブロックヘッド
2003年

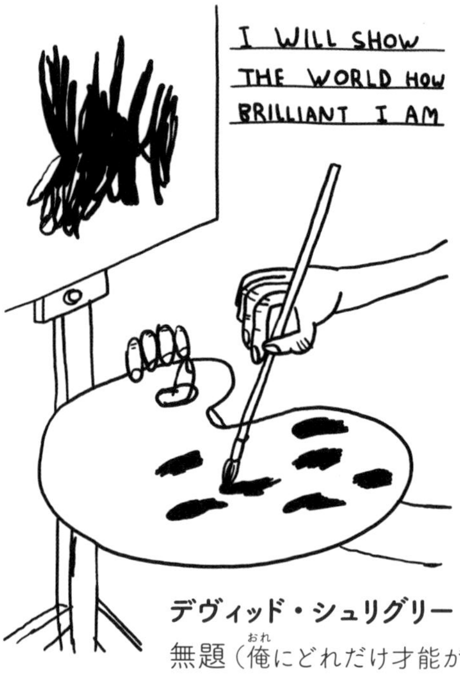

デヴィッド・シュリグリー
無題（俺《おれ》にどれだけ才能があるか世界に見せてやる）
2014年

マウリツィオ・カテラン
L.O.V.E.
2010年

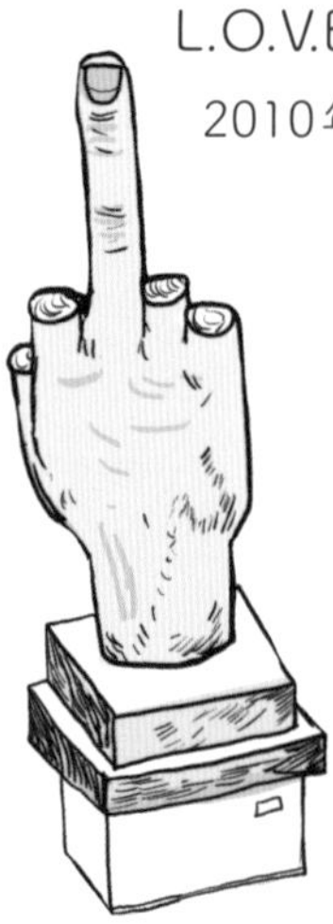

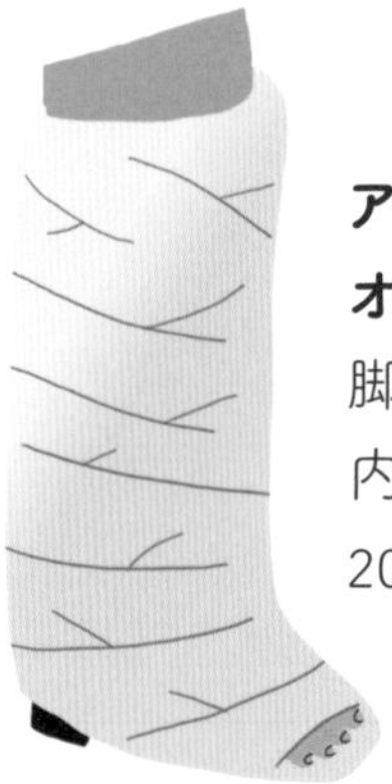

アヴデイ・テル＝オガニャン
脚にギプスをした内覧会のゲスト
2005年

ドルニー・ヴィエストニツェのヴィーナス
紀元前29000~25000年

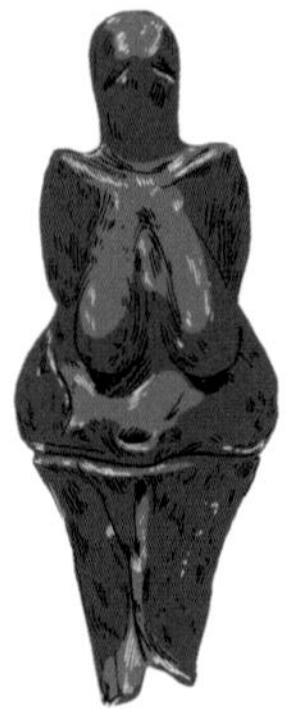

レオナルド・ダ・ヴィンチ
ウィトルウィウス的人体図
1490年

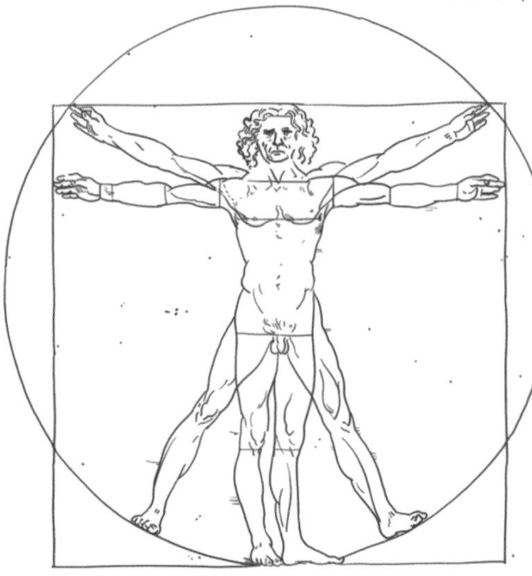

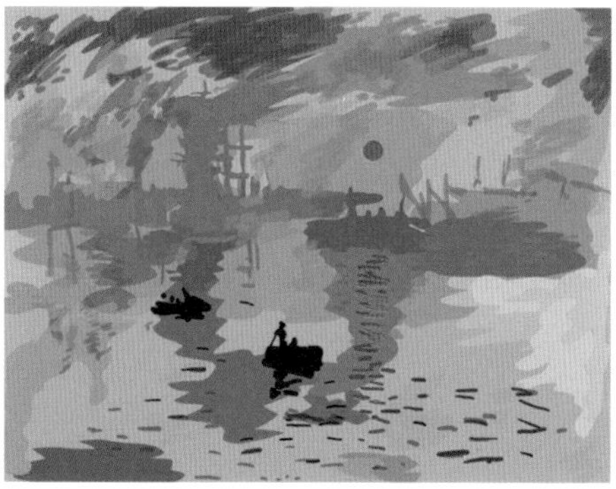

クロード・モネ
印象、日の出
1872年

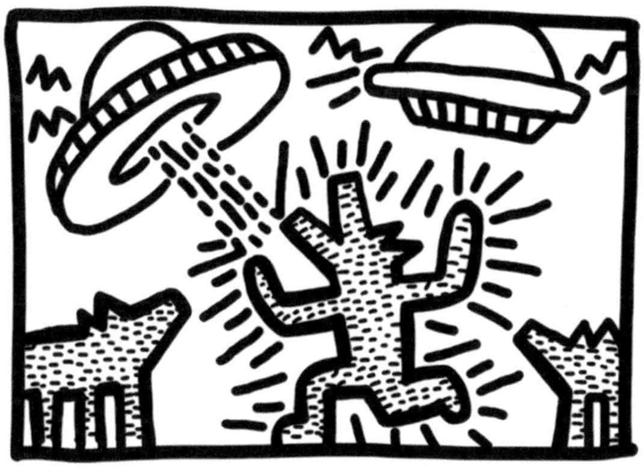

キース・ヘリング
無題（犬とUFO）
1982年

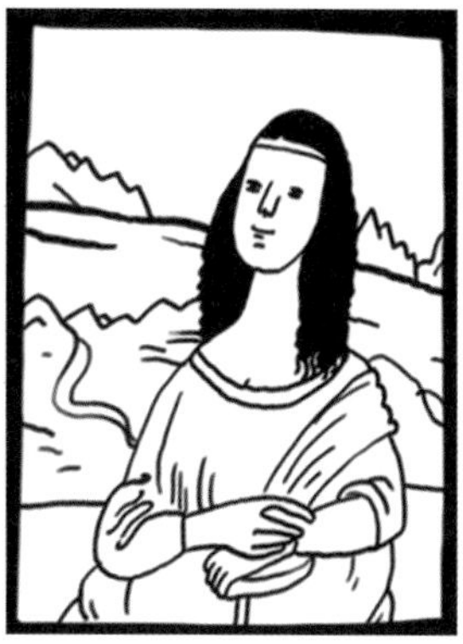

レオナルド・ダ・ヴィンチ
モナ・リザ
1503～17年

リチャード・セラ
5：30
1969年

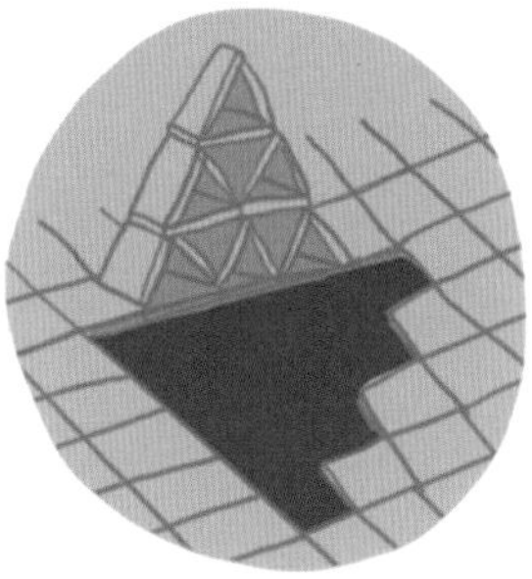

ブラッド・ダウニー
トランプの家
2007年

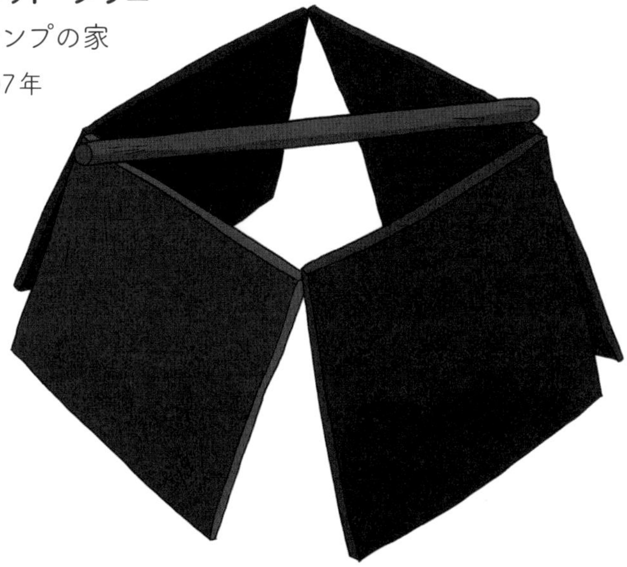

フェルナン・レジェ
青の習作
制作年不詳

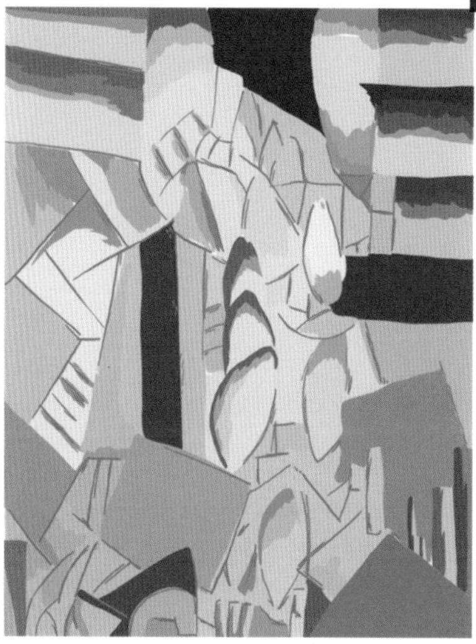

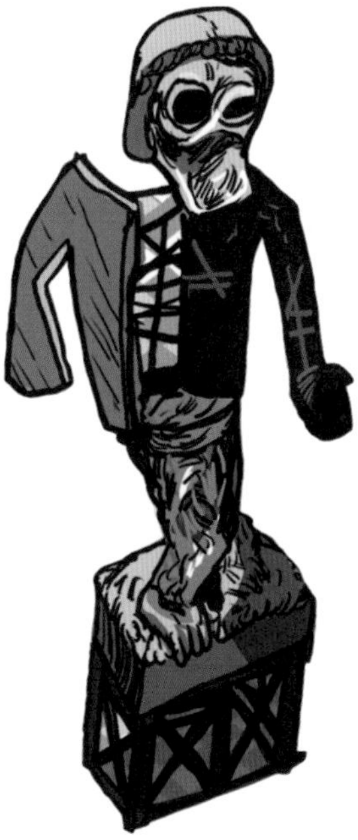

トーマス・ハウセゴ
急ぐ人
2010～11年

オットー・グートフロイント
不安
1911～12年

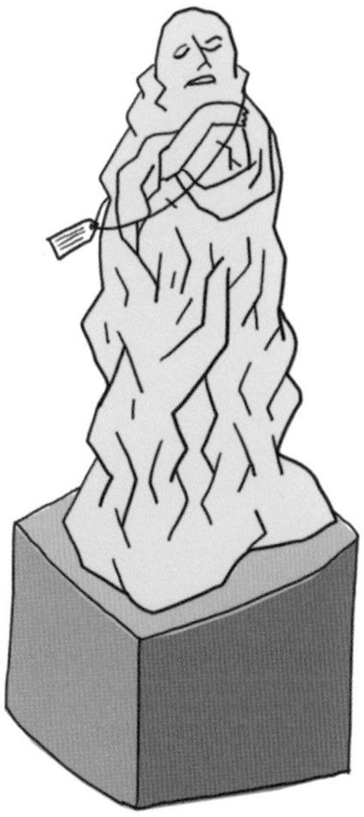

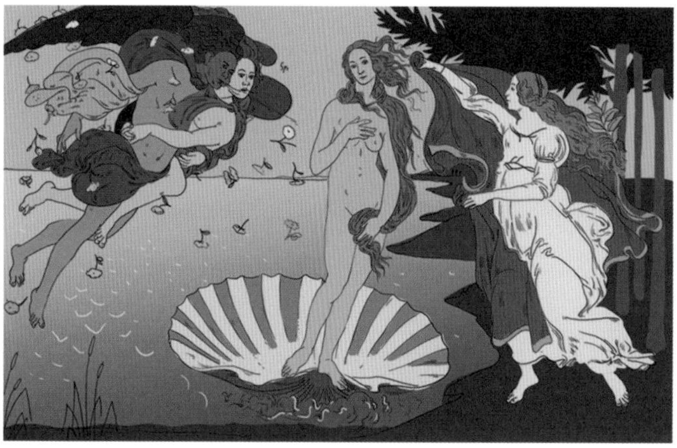

サンドロ・ボッティチェリ
ヴィーナスの誕生
1484～86年

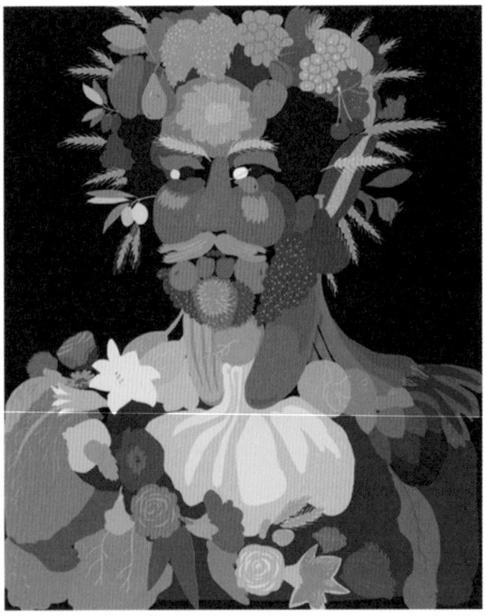

この本に ルドルフは 何回登場したでしょう？

この本には、何回も出てくる絵画が1枚あります。イタリアの画家ジュゼッペ・アルチンボルドがルドルフ2世のために描いた絵です。この絵は、よく考えられた遊びになっています。一見すると、さまざまな果物や野菜や植物が乱雑に並べられているだけにしか見えないかもしれません。でも、注意ぶかく見てみると、皇帝ルドルフ2世の肖像が形づくられているのに気がつきます。ルドルフ皇帝はユーモアの感覚にすぐれていましたが、かれが愛する芸術や絵画も同じようなユーモアにあふれていました。

Original title: Jak se dělá galerie
Illustrators: © David Böhm, Jiří Franta
Authors: © Ondřej Chrobák, Rostislav Koryčánek, Martin Vaněk, Jan Press
© Moravská galerie v Brně
Published by arrangement with B4U Publishing, member of Albatros Media Group
through Tuttle-Mori Agency, Inc., Tokyo
www.b4upublishing.com

この本を書いた人たち

チェコ共和国でプラハの国立美術館に次いで、二番目の規模を誇るブルノの**モラヴィア美術館**。本書は、同美術館のスタッフが中心になって、2016年に出版された。出版直後からチェコ国内で大きな話題を呼び、翌2017年にはボローニャ・ラガッツィ賞「アートの本」特別賞受賞するなど、国内外で高く評価されている。
ユーモアあふれるイラストを通して、美術館のいろいろな顔と魅力を教えてくれるこの本のコンセプトをつくりあげたのは、美術史家オンジェイ・フロバークと画家ダヴィット・ベームの二人だ。
オンジェイ・フロバーク（1975年生まれ）は、プラハのカレル大学で美術史を学んだ後、プラハ国立美術館、中央ボヘミア美術館での勤務を経て、2011年以降、モラヴィア美術館の学芸員として活躍している。在学中に友人たちとインディペンデントの画廊「ディスプレイ」を創設するなど、独創的な活動で知られ、モラヴィア美術館では常設展の入場料を無料にしたり、カフェを開設するなど、美術館を一般の人たちに開いていく試みを積極的に行なっている。本書もそのような彼のコンセプトから生まれたものだ。
イラストを担当したのは**ダヴィット・ベーム**（1982年生まれ）。プラハの美術アカデミーを卒業後、ドローイング、絵本やコミックスを数多く発表している。本書にもイラストを提供している**イジー・フランタ**（1978年生まれ）とともにパフォーマンス・アートにも取り組んでいることでも知られ、若手アーティストの登竜門、インジフ・ハルペツキー賞にも度々ノミネートされるなど、現在注目を集めているアーティストの一人。
ほかに、美術史家の**ロスチスラフ・コリシャーネク**（1972年生まれ）、**マルチン・ヴァニェク**も本書の執筆に加わっている。

この本を訳した人たち

阿部賢一（あべ・けんいち）：1972年東京都生まれ。東京大学准教授。著書に『複数形のプラハ』『カレル・タイゲ』、訳書にフラバル『わたしは英国王に給仕した』、オウジェドニーク『エウロペアナ』など。
須藤輝彦（すどう・てるひこ）：東京大学大学院人文社会系研究科博士課程。論文に「偶然性と運命」（『スラヴ学論集』）、「亡命期のクンデラと世界文学」（『れにくさ』）、Web連載に「貴婦人の二つの顔」（「集英社新書プラス」）など。

美術館って、おもしろい！
展覧会のつくりかた、働く人たち、美術館の歴史、裏も表もすべてわかる本

2020年5月30日　初版発行
2021年3月30日　2刷発行

著　者　モラヴィア美術館
訳　者　阿部賢一・須藤輝彦
ブックデザイン　永松大剛
発行者　小野寺優
発行所　株式会社河出書房新社
〒151-0051　東京都渋谷区千駄ヶ谷2-32-2
電話　03-3404-1201（営業）　03-3404-8611（編集）
http://www.kawade.co.jp/

印刷・製本　図書印刷株式会社

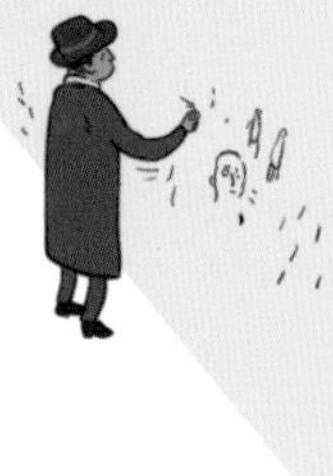

Printed in Japan
ISBN 978-4-309-25657-3